DUMONT
DIREKT

Tokyo

Rufus Arndt

Inhalt

Das Beste zu Beginn

►

Schönste Aussicht zum Sonnenuntergang
Es verirren sich verhältnismäßig wenige Touristen zur Aussichtsplattform des World Trade Center direkt am Bahnhof Hamamatsucho. Keine Wartezeit und eine Aussicht, die insbesondere am frühen Abend spektakulär ist: der beleuchtete Tokyo Tower, Tokyo Bay mit Rainbow Bridge und mit etwas Glück sogar der Fuji-san (►S. 83).

Oasen in der Großstadtwüste
An jeder Ecke in Tokyo finden Sie Jidohanbaiki, eine dieser Oasen, wo es für wenig Geld Kaffee und Tee aus kleinen Dosen gibt. Auch Automaten mit Hot Dogs, Nudelsuppen, Blumensträußen, Regenschirmen und Krawatten habe ich schon gesichtet.

Ohne Gedränge in der U-Bahn unterwegs
Tokyo hat eines der besten öffentlichen Verkehrssysteme der Welt. Zur Rushhour sind die Züge aber unerträglich voll, am schlimmsten ist es von 8 bis 9 Uhr. Die Oedo-Linie, mit der man auch viele Orte in Tokyo gut erreicht, scheint nicht ganz so überlaufen. Daher suche ich mir bewusst ein Hotel nahe einer Station der Oedo-Linie aus.

Kunst im Dreieck
Tokyo lockt mit hervorragenden Kunstausstellungen. Besonders das Stadtviertel Roppongi hat sich mit dem Mori Art Museum zum Zentrum der zeitgenössischen Kunst entwickelt. Zum Roppongi Art Triangle gehören auch das Suntory Museum mit japanischen alten Meistern sowie das NACT – National Art Center Tokyo, das internationale Kunst ausstellt (►S. 52).

Jogging um den Kaiserpalast
Die 5 km lange Strecke am begrünten Wassergraben entlang läuft man nur im Gegenuhrzeigersinn, probieren Sie es erst gar nicht andersherum! In der Nähe der Haltestelle Hanzomon im Keller des Radiosenders TOKYO FM gibt es Duschen und Schließfächer im Joglis Runners Satellite. B1F 1-7-1 Kojimachi, Chiyoda-ku, www.joglis.jp, tgl. ab 7 Uhr, 750 ¥.

Einsam am Meiji-Schrein
Tagsüber ist immer viel los am Meiji-Schrein. Frühmorgens sind Sie fast allein und die Stille auf dem leeren Platz vor dem Hauptschrein mit den riesigen Kampferbäumen ist beeindruckend. Der Schrein öffnet, sobald es hell ist, also im Sommer um 5 Uhr, im Jan./Dez. um 6.40 Uhr. Nehmen Sie den ersten Zug der Yamanote-Linie nach Harajuku! www.meijijingu.or.jp/english.

!

Und abends in die Izakaya …
Machen Sie es mindestens einmal wie die Japaner und gehen Sie am Abend auf ein paar Drinks und leckeres Fingerfood in eine Izakaya. Die angebotenen Speisen sind im Vergleich zu einer deutschen Kneipe erstaunlich vielfältig und gut, aber leider gibt es in Japan immer noch kein Rauchverbot. Eine meiner Lieblings-Izakayas ist übrigens Isomarusuisan in Roppongi (►S. 108).

Kein Stress mit dem Fahrschein
Gleich am ersten U-Bahnhof eine PASMO-Karte oder am S-Bahnhof eine SUICA-Prepaidkarte zu kaufen spart Zeit und Nerven. Damit bezahlen Sie alle Fahrten mit öffentlichen Verkehrsmitteln in Tokyo und sogar an manchen Getränkeautomaten. www.pasmo.co.jp/en.

Auf Japan einstimmen
Vor einer Japanreise stimme ich mich mit kulinarischen Genüssen in authentischen Restaurants ein. Gute Adressen für die Städte Berlin und München liefern die Bücher »Japan in Berlin« und »Japan in München« von Axel Schwab. www.japanin.berlin, www.japan-in-muenchen.de.

Seit über 20 Jahren besuche ich regelmäßig für längere Zeit Japans Hauptstadt. Was ich an Tokyo schätze? Das tolle japanische Essen, die schier unerschöpflichen Motive zum Fotografieren und die ständigen Veränderungen – es gibt immer was Neues zu entdecken.

Fragen? Erfahrungen? Ideen?

Ich freue mich auf Post.

@ *Mein Postfach bei DuMont:*
r.arndt@dumontreise.de

Das ist Tokyo

Tokyo ist eine Megacity: Zusammen mit den umliegenden Millionenstädten ist es die größte Metropolregion der Welt. Doch das fällt nicht negativ auf. Die wenigsten Menschen fahren mit dem Auto in die Stadt, weshalb man so gut wie keine Probleme mit Smog kennt. Kurioserweise treibt der Wind manchmal verschmutzte Luft aus Peking übers Meer und dies führt dazu, dass die strengen Grenzwerte überschritten werden. Bemerkenswert ist die niedrige Kriminalität, Frauen müssen sich nachts alleine auf der Straße nicht fürchten. Statt Frauenparkplätzen gibt es zur Rushhour bei manchen U-Bahnlinien Wagen nur für Frauen. Positiv fällt mir auf, wie rücksichtsvoll die Verkehrsteilnehmer in den Straßen sind und wie wenig gehupt wird.

Tradition und Hightech

Immer wieder bemerkenswert ist die enge Gegenwart von alter Tradition und Hightech. So steht oft ein uralter Tempel aus Holz mitten zwischen postmodernen Hochhäusern. Bei genauem Hinsehen merkt man dann aber, dass der Tempel wieder neu aufgebaut wurde und sogar eine Tiefgarage für Fahrräder hat. Die Japaner selbst sind nicht nur technikverliebt und immer auf der Suche nach neuen Gadgets, gleichzeitig sind sie tief in ihrer Kultur verwurzelt und naturverbunden. So spielen die Jahreszeiten eine besondere Rolle im Jahresablauf und Ereignisse wie die ersten Kirschblüten werden am Abend live in den Hauptnachrichten übertragen und dann bei nächster Gelegenheit mit Freunden und Kollegen gefeiert.

Gourmethauptstadt

Tokyo ist die Stadt mit den meisten von Michelin ausgezeichneten Restaurants. 560 Restaurants finden sich im Führer von 2016, und dabei sind über die Hälfte noch nicht mal besonders teuer, sondern bieten Gerichte für weniger als 5000 ¥ an. Einer der Hauptgründe nach Tokyo zu reisen, ist für viele Touristen deshalb auch die hervorragende japanische Küche, die mit frischen Zutaten eine nicht enden wollende Bandbreite der unterschiedlichsten Gaumenfreuden zaubert. Nicht ohne Grund wurde daher die traditionelle japanische Kochkunst Washoku unlängst auf die Liste des UNESCO-Weltkulturerbes gesetzt.

Einmal Tokyo, immer Tokyo

Wer einmal in Tokyo war, den zieht es immer wieder dorthin zurück. Warum das so ist, kann ich nur schwer erklären. Tokyo ist einfach so unglaublich vielfältig, dass jeder Mensch etwas für sich Einzigartiges findet, das ihn immer wieder anzieht. Die Stadt verändert sich ständig und es gibt daher immer wieder Neues zu entdecken und zu erleben, darunter abwechslungsreiche Ausstellungen auf hohem Niveau zu fast jedem erdenklichen Thema. Wieder andere begeistert vielleicht die Party- oder Modeszene, das Shopping-Paradies oder das nahezu perfekte Verkehrssystem, mit dem man auf die Minute planen kann, wann man ankommt.

Immer klare Sicht auf den Tokyo Skytree, die Asahi-Gebäude und La Flamme d'Or

Tokyo ist preiswert

Zwar sind Flug und Hotel in Tokyo erst einmal teuer, aber wenn Sie dann in der Stadt sind, werden Sie überrascht feststellen, wie günstig man hier leben kann. Insbesondere am Mittag isst man auch in besseren Restaurants oft für unter 1000 ¥. Wenn Sie sich am Abend mit einer Nudelsuppe begnügen, können Sie in manch einem Stehrestaurant schon für 300 ¥ satt werden – das sind umgerechnet 3 €, dafür bekommt man in Deutschland keine Currywurst. Auch öffentliche Verkehrsmittel sind vergleichsweise günstig, ein Ticket für die Yamanote-Linie kostet 140–200 ¥, mit einer Prepaidkarte sogar nur 133–195 ¥. Selbst wenn ich viel in Tokyo unterwegs bin, zahle ich im Durchschnitt nicht mehr als 10 € pro Tag für öffentliche Verkehrsmittel.

Tokyo ist chaotisch

Wenn man sich einen Stadtteil von Tokyo im Detail auf der Karte ansieht, gibt es selten einheitliche Muster, Straßen und Wohnblocks sind ziemlich kreuz und quer angeordnet. Straßennamen gibt es selten, und mit dem System der Adressen muss man sich erst anfreunden. Unterhalb der Stadtbezirke gibt es Stadtteile, die dann selbst wieder in einzelne Viertel durchnummeriert sind. Statt eines Straßennamens hat jeder größere Häuserblock eine Nummer. Am Ende steht dann noch mal eine Nummer für einzelne Grundstücke oder Häuser. Aber dank moderner Navigationshilfen fürs Smartphone ist es heute kein Problem mehr, die richtige Adresse zu finden.

Tokyo in Zahlen

3

mal wurde Tokyo in den letzten 300 Jahren von Erdbeben zerstört; kleine kaum spürbare Erdbeben sind häufig.

23

selbstverwaltete Bezirke, Japanisch ku, gibt es in Tokyo.

50

Prozent der Bewohner Tokyos leben als Singles.

90

Sekunden – in diesem Takt fahren die Züge Yamanote- und Chūō-Linie im morgendlichen Berufsverkehr.

101

Tage im Jahr regnet es in Tokyo.

ÜBER 100

öffentliche Parks gibt es im Stadtgebiet, manche sind nur eine Wiese mit drei Bäumen.

500

Yen reichen, um an einem japanischen Schnellimbiss satt zu werden.

622

km^2 beträgt die Fläche Tokyos.

3776
Meter hoch ist der Berg Fuji, den man an klaren Tagen von Tokyo aus sieht.
3 200 000
Pendler passieren täglich den Bahnhof Shinjuku.
14 845
Einwohner leben auf einem Quadratkilometer.
37 600 000
Einwohner (2015) leben in der Metropolregion.
250 000
Fußgänger überqueren jeden Samstag die Shibuya-Kreuzung.
634
Meter hoch ist der Tokyo Skytree – weltweit der höchste Fernsehturm.

Was ist wo?

Dreimal Tokyo und doch keine Stadt! Die 23 Stadtbezirke Tokyo 23-ku sind eigenständige Kommunen auf den 622 km² Fläche der 1943 aufgelösten Stadt Tokyo. Die Präfektur Tokyo-to reicht bis in den Pazifik und zur Metropolregion Tokyo Shutoken gehören Yokohama, Kawasaki und Saitama.

Tokyos ›Zentrum‹

Ein eigentliches Stadtzentrum oder eine Altstadt, wie wir es von deutschen Städten kennen, gibt es in Tokyo nicht. Man könnte das Gebiet, das von der Yamanote-Linie umschlossen wird, als Zentrum von Tokyo betrachten. Historisch begann der Aufstieg des kleinen Fischerdorfes Edo damit, dass Tokugawa Ieyasu die verfallene Burg wiederaufbaute, erweiterte und die Stadt zum politischen Zentrum Japans erklärte. Somit wäre der **Kaiserpalast** (🕮 J/K 4) westlich vom **Hauptbahnhof Tokyo Station** (🕮 L 4) das historische Zentrum von Tokyo. Südwestlich davon schließt das sterile **Regierungsviertel** (Kasumigaseki und Nagatachō, 🕮 H/J 5/6) mit Parlamentsgebäuden und den Ministerien an, und östlich vom Kaiserpalast liegt mit dem Bankenviertel **Marunouchi** (🕮 L 4) sozusagen das finanzielle Zentrum.
Etwas weiter nördlich im Elektronikviertel **Akihabara** (🕮 L/M 1/2) drängen sich Schnäppchenjäger und Manga-Fans in den Straßen.
Das Händlerviertel **Nihonbashi** (auch: Nihombashi, 🕮 M/N 3/4) schließt östlich ans Bankenviertel an und war immer schon bedeutend. So galt die dort befindliche Nihonbashi-Brücke (► S. 28) als Referenzpunkt, um alle Entfernungen nach Tokyo anzugeben. Noch gibt es einige kleine Händler in zweigeschossigen Gebäuden aus der Shōwa-Zeit, doch überwiegen durch Neubauprojekte wie Coredo Muromachi auch hier inzwischen die Hochhäuser.
Das Stadtviertel **Ginza** (🕮 L 6) liegt südlich vom Hauptbahnhof und wird bestimmt durch teure Shopping-Tempel, Theater, Hotels, Restaurants und Kunstgalerien. Die breite Hauptstraße **Chūō-Dōri** ist sozusagen die ›Luxusmeile‹ und wird am Wochenende nachmittags gesperrt, um dann zur Fußgängerzone zu werden. Südöstlich davon liegt **Tsukiji** (🕮 M 6/7), wo sich bis zum Umzug 2016 auch der berühmte riesige Fischmarkt mit dem Touristenmagnet Thunfischauktion befand. Der Außenmarkt Tsukiji Outside Market ist glücklicherweise geblieben und bietet immer noch die Atmosphäre aus vergangenen Tagen.

Szeneviertel

Bei der Jugend beliebt zum Einkaufen und Ausgehen ist **Shibuya** (🕮 B/C 7/8) mit seiner bekannten Kreuzung mit den diagonalen Zebrastreifen, über die jeden Samstag circa 250 000 Leute laufen. Um den Bahnhof wird die nächsten Jahre viel gebaut und es entstehen mehrere neue Hochhäuser. **Hikarie** (🕮 C 8) auf der östlichen Seite ist bereits fertig und bietet eine gute Aussicht. Eine Station weiter Richtung Norden ist **Harajuku** (🕮 C 6) das Mekka für alle Cosplay-Fans mit ihren auffälligen Kostümen. Insbesondere am Wochenende ist hier immer was los.
Shinjuku (🕮 C 2/3) ist zwei Stationen weiter am Ring der Yamanote-Linie. Orientierung für Berliner: Wenn der Hauptbahnhof Tokyo das Ostkreuz ist, dann ist Shinjuku das Westkreuz. Hier konzentrieren sich viele Hotels, Restaurants und Bars. Imposant ist das Wolkenkratzerviertel auf der Westseite des belebten Bahnhofs, insbesondere das Rathaus **Tokyo Metropolitan Government Building** (🕮 B 3). Auf

der östlichen Seite liegt das Rotlichtviertel **Kabukichō** (🕮 C 2), hier gibt es aber auch gute Einkaufsmöglichkeiten.
Früher hauptsächlich als Ausgehviertel der internationalen Community bekannt, ist **Roppongi** (🕮 G 7) dank einiger Neubauprojekte (Roppongi Hills und Midtown) stark im Aufwind. Neue Museen für Kunst und Design konzentrieren sich in diesem Stadtteil, der sich etwas südlich innerhalb des Yamanote-Rings befindet.

Unterstadt Shitamachi

Nordöstlich gelegen hat in **Yanaka** (🕮 Karte 2, B/C 1/2) das ›alte Tokyo‹ überlebt. Vom großen Erdbeben 1923 und den Luftangriffen der Amerikaner weitgehend unbeschadet, überdauerten hier noch viele alte Tempel mit Friedhöfen, kleine Häuser mit Gärten und Einkaufsläden im ›Tante-Emma‹-Stil. Südlich davon schließt **Ueno** (🕮 Karte 2, C 2–4) mit dem großen Ueno-Park an, wo sich viele Museen konzentrieren. Außerdem gibt es einen beliebten Zoo und einen großen Teich, den man umrunden kann. Oder Sie besuchen den Tempel, der sich in der Mitte befindet.

Weiter östlich von Ueno erstreckt sich am Sumida-gawa, dem größten Fluss Tokyos, der Stadtteil **Asakusa** (🕮 Karte 2, F 2/3). Die Hauptattraktion ist der mit Räucherwerk geschwängerte Tempelbezirk mit seiner Einkaufsstraße Nakamise. Von hier kann man auch Bootsfahrten unternehmen (► S. 37). Links vom Fluss liegt **Oshiage** (🕮 Karte 2, G 3/4), wo seit 2012 der weltgrößte Fernsehturm **Tokyo Skytree** in den Himmel ragt.

Etwas südlich

Erwähnenswert weiter südlich vom Hauptbahnhof an der Yamanote-Linie sind noch Shimbashi und Hamamatsucho. **Shimbashi** (🕮 K 6/7) war der erste Bahnhof in Tokyo, das historische Gebäude wurde 300 m östlich vom heutigen Bahnhof wieder neu aufgebaut. Von dort ist es auch nur ein Katzensprung zum Hama-Rikyū-Park. Von **Hamamatsucho** (🕮 K 8) startet die Monorail zum Flughafen Haneda, und das World Trade Center bietet eine tolle Aussichtsplattform. Oder Sie laufen zu Fuß zum **Tokyo Tower** (🕮 H 8).

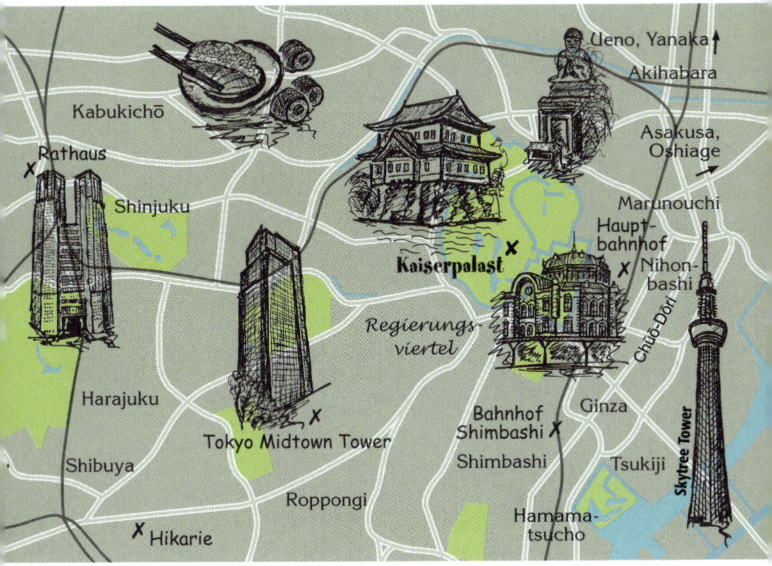

Augenblicke

Gesucht und gefunden

Die Glasfassade des hypermodernen Tokyo International Forum steht im Kontrast zu den Antiquitäten, die unzählige Händler zweimal im Monat beim Oedo-Antikmarkt feilbieten. Vor vielen Jahren erstand ich dort einen hochwertigen ›Chashaku‹, das ist ein kleiner Bambuslöffel, den man bei der Teezeremonie zum Dosieren des Teepulvers verwendet.

Den Spieß umgedreht

Unwiderstehlich duftet es am Abend in der Ameyoko-Straße nach den beliebten Yakitori. Gekonnt dreht der junge Koch die frisch gesteckten Hühnerspieße auf seinem Holzkohlegrill. Dabei werden alle Teile eines Huhns verwendet, es gibt Spieße mit Hühnerbrust, Flügel, Herz, Leber, Haut und sogar Knorpel. Meine Lieblingssorte: Hühnerfleisch gemischt mit Frühlingszwiebeln.

バナナチョコ

Gemeinsam geschultert

Bei den großen Schreinfesten wie dem Sanja-Matsuri in Asakusa werden große und kleine Trageschreine (Mikoshi) von Frauen und Männern in traditioneller Kleidung abwechselnd auf die Schultern genommen. Zusammen mit dem Genuss von Alkohol fördert das den Zusammenhalt der Nachbarschaften. Mit von der Partie sind auch Heerscharen von Fotografen, Videofilmern und Touristen mit Selfiesticks ….

Ihr Tokyo-Kompass

WOMIT FANGE ICH AN?

#1
Architekturgeschichte **– um den Hauptbahnhof Tokyo**

POMPÖSE HALLEN DER HAST

#2
Sushi an der Quelle genießen – **Tsukiji Outside Market**

FÜR HARDCORE-SUSHI-FANS

#3
Händlerviertel des alten Edo – **Nihonbashi**

KONSUMKULTUR IM WANDEL DER ZEITEN

#12
Bonsais und Teezeremonie – **Shirokanedai**

INNERE EINKEHR IM EDEL-BEZIRK

#13
Treffpunkt japanischer Gegenkultur – **Shimokitazawa**

EINE ANDERE STADT IST MÖGLICH!

#14
Riesenbuddha, Schreine, Bambushaine – **Kamakura**

... BUDDHA IST GROSS.

#15
Landleben im Westen Tokyos – **Ōme am Tama-Fluss**

Ein heiliger Berg und ein sauberer Fluss ...

4
Elektronik, Manga und alte Schreine – **Akihabara**

VIRTUOS VIRTUELL
ein Viertel für Maniacs

5
In der Unterstadt beim Sumida-Fluss – **Asakusa**

Auf der Suche nach der verlorenen Edo-Zeit

6
Ruhige Gassen in Tokyo – **die Tempelstadt Yanaka**

{Viele Tempel retten die SEELE eines Stadtteils}

7
Französisches und japanisches Flair – **Kagurazaka**

East meets West

8
Vergnügungsviertel und grüner Park – **Shinjuku**

Shoppst du noch oder relaxt du schon?

9
Designquartier und Kunstmuseen – **Roppongi**

KUNST IM HÖHENRAUSCH

10
Berühmte Kreuzung und geheime Ecken – **Shibuya**

Lebenslust, erste Liebe und elterliche Sorgenfalten

11
Alte und neue Architektur – **Daikanyama**

ÄSTHETIK IST KULT.

1

Architekturgeschichte – **um den Hauptbahnhof Tokyo**

Das Gewimmel am Hauptbahnhof Tokyo Station ist unbeschreiblich – eben typisch Tokyo. Hier kommen auf 23 Gleisen Reisende mit Schnellzügen und Pendler mit Vorortzügen an. Das Untergeschoss durchzieht ein komplexes Gewirr aus Läden und Restaurants: Lunch-Boxen aus ganz Japan, Bücher und viele weitere Dinge, die man noch schnell kauft, bevor man zum Zug eilt.

Folgen Sie der Beschilderung zum **Marunouchi South Exit** 1 und halten Sie hinter der Ticketschranke in der Mitte der achteckigen Kuppel kurz inne, um nach oben schauend die herrlich restaurierte Decke mit Vögeln und Blumenornamenten zu bewundern.

Verspielter Zierrat schmückt die Kuppel am Marunouchi South Exit.

Auch der Kaiser nimmt den Zug ...

Draußen am Taxistand rechts kommen Sie am Eingang des altehrwürdigen **The Tokyo Station Hotel** vorbei, das nach der Renovierung des über hundert Jahre alten Bahnhofsgebäudes 2012 wiedereröffnet wurde. In der Mitte der Backsteinfassade gibt es eine abgesperrte Zufahrt, zwei japanische Flaggen und einen kleinen Garten. Dieser Eingang ist dem Kaiserpaar vorbehalten, denn wie seine Landsleute reisen auch der Tenno und seine Gattin vorwiegend mit dem Zug durchs Land. Er hat es nicht weit: Über die Ginkgo-Allee schauen Sie direkt zum Areal des Kaiserpalastes.

Als Vorbild für das 1914 fertiggestellte Backsteingebäude diente dem Architekten Tatsuno Kingo der Bahnhof von Amsterdam. Einige Jahre zuvor hatte er auch das Gebäude der Bank of Japan entworfen (1896), ebenfalls im Neobarock.

Marunouchi North Exit: Die Renovierung des alten Bahnhofs wurde mit den Baurechten für die neuen Hochhäuser im Hintergrund finanziert.

Narben der Zeit

Weiter nördlich am Marunouchi-Nordeingang betreten Sie die zweite achteckige Kuppel, um die **Tokyo Station Gallery** 2 zu erreichen. Falls dort gerade eine interessante Ausstellung stattfindet, nutzen Sie die Gelegenheit – so erhalten Sie den besten Eindruck von dem restaurierten Gebäude. Im Zweiten Weltkrieg zerbombt, wurde es nur unvollständig wiederaufgebaut und erst 2012 das fehlende obere Stockwerk ergänzt. Beim Wechsel zwischen den Etagen kann man in den Treppenhäusern in der freigelegten Ziegelmauer noch die verkohlten Holzbalkenreste erkennen. Besonders schön wirken die Kunstwerke im zweiten Obergeschoss auf den originalen alten Ziegelmauern.

Post reloaded

Eine riesige Uhr prangt auf der weißen Fassade der ehemaligen Hauptpost von Tokyo. Den Haupteingang des **JP Tower** 3 – JP steht für Japan Post – erkennt man an der stilisierten Briefmarke und dem Schriftzug KITTE (›Briefmarke‹). Steuern Sie gleich den Dachgarten im sechsten Stock an – von dort hat man einen herrlichen Blick über das alte Bahnhofsgebäude, dessen Vorplatz und die ein- und ausfahrenden Züge.

Hauptbahnhof: Tokyo Station

Sehenswert ist das **Museum Intermediatheque,** ein Sammelsurium der unterschiedlichsten Ausstellungsstücke aus den Archiven der Universität

INFOS/ÖFFNUNGSZEITEN

Tokyo Station Gallery 2: www.ejrcf.or.jp/gallery, Di–So 10–18 (Fr bis 20 Uhr), Eintritt variiert
Museum Intermediatheque im JP Tower 3: www.jptower.jp, www.intermediatheque.jp/en, Di–So 11–18 (Do/Fr bis 20 Uhr), Eintritt frei
Mitsubishi Ichigōkan 4: www.mimt.jp/english, Museum und Shop Di–So 10–18, Fr bis 20 Uhr, Eintritt variiert
Tokyo International Forum 5: www.t-i-forum.co.jp
Urban Farm 6: www.pasona-nouentai.co.jp/urban-farm, Mo–Fr 10.30–17.30 Uhr, Eintritt frei

KULINARISCHES FÜR ZWISCHENDURCH

Im Innenhof des **Tokyo International Forum** 5 parken kleine Food Trucks, am Dienstag verkauft Mai aus Yokohama mit ihrem Gypsy Coffee leckeren Kaffee aus biologischem Anbau.
Im Laden Comme des Garçons befindet sich die **Rose Bakery** 1, ein guter Ort für ein leichtes Mittagessen. Die Wahl fällt schwer unter den vielen Kuchen, Salaten, Sandwiches, Quiches und Suppen (www.rosebakery.jp, Mo–So 11–20 Uhr).

FUNDSTÜCKE

Die Buchhandlung von **Maruzen** 1 im Gebäude Marunouchi oazo ist mit ungefähr 1,2 Mio. verfügbaren Titeln die größte in ganz Tokyo (tgl. 9–21 Uhr).

Cityplan: L 4 | **S-Bahn** Tokyo Hauptbahnhof, **U-Bahn** M17 oder Otemachi I09, C11, T09, Z08

Tokyo: ausgestopfte Tiere, alte Musikinstrumente, die ersten Projektoren für die Filmvorführung, alte mechanische Modelle der Ingenieurschule und Beispiele aus der pharmazeutischen Sammlung. Insbesondere bei Regen ist das Büro des Bahnhofsvorstehers, **Stationmasters Office,** eine gute Alternative zur Dachterrasse. Von dem Raum mit Holzboden, historischen Fotos und Infotafeln an den Wänden haben Sie einen schönen Blick auf den Bahnhof.

Geschichtsbewusstsein

Das 1894 vom englischen Architekten Josiah Conder entworfene **Mitsubishi Ichigōkan** 4 war das erste Bürogebäude im Bankenviertel Marunouchi. 1968 wurde es abgerissen, um Platz für ein neues Hochhaus zu machen. 2010 erinnerte sich das Unternehmen Mitsubishi seiner Geschichte und baute

Architektur ins rechte Licht gesetzt: Tokyo International Forum am Abend.

das Gebäude nach Originalplänen wieder auf. Heute gibt es hier ein Museum mit Ausstellungen vorwiegend europäischer Kunst, den Museumsshop Store 1894 und das Cafe 1894. Hinter dem Gebäude können Sie im Garten sitzen und die Rosenbeete betrachten, ideal für eine kleine Verschnaufpause.

Milliardenschwere Architektur

Viel Geld hat sie gekostet, die phänomenale Architektur des **Tokyo International Forum 5**, entworfen von Rafael Vinoly mit unterschiedlich großen Hallen für Konferenzen, Ausstellungen und Livekonzerte. Durchschreiten Sie das Gebäude, um einen besseren Eindruck von dem schiffsähnlichen Glasbau zu erhalten. Einen beliebten Aussichtspunkt auf die am Abend beleuchtete Dachkonstruktion gibt es im siebten Stock.

M MARKT

Im Innenhof des **Tokyo International Forum** zwischen Ausstellungshallen und Glasbau findet jeden ersten und dritten Sonntag im Monat der **Oedo-Antikmarkt** statt, Tokyos größter Flohmarkt für Antiquitäten.

UM DIE ECKE

Einem interessanten Bürokonzept begegnen Sie in der **Urban Farm 6**. In der Zentrale der Pasona Group, durch die begrünte Fassade leicht zu erkennen, wird Gemüse und Obst angebaut, um das Wohlbefinden der Mitarbeiter zu verbessern: Der angebaute Salat wird sogar im Mitarbeitercafé verwendet. Erdgeschoss und erstes Obergeschoss (2F) sind werktags für Besucher zugänglich. Besonders eindrucksvoll ist das mit unzähligen Halogenstrahlern beleuchtete Reisfeld. Im Laden Pasona Heartful werden Produkte verkauft, die mit Behinderten hergestellt wurden, und im Café wird gesunder *biwa cha,* Tee aus den Blättern der Wollmispel (Loquat), ausgeschenkt (100 ¥).

2

Sushi an der Quelle genießen – **Tsukiji Outside Market**

In Tsukiji bekommt man schon am Morgen das günstigste und frischeste Sushi in Tokyo. Einige der Restaurants sind nur ein Bretterverschlag mit sechs Hockern, und wenn der täglich frisch eingekaufte Fisch bereits gegen Mittag verarbeitet und komplett verspeist wurde, macht der Sushi-Koch einfach mal früher Feierabend.

Vom Ausgang A1 des Bahnhofs Tsukiji-Shijo ist es nur ein kurzer Weg bis zum **Tsukiji Outside Market** 1. Der alte Tsukiji-Markt mit den Auktionen ganzer Thunfische zog Ende 2016 leider nach Toyosu um, weshalb die alte, beliebte Marktatmosphäre nur hier im äußeren Marktbe-

Selbst eingelegtes Gemüse wird im Tsukiji Outside Market angeboten.

reich erhalten blieb. Die meisten alteingesessenen Restaurants und Händler sind glücklicherweise weiter hier in Tsukiji geblieben.

Ein Shinto-Schrein als Schutz vor den Wellen des Meeres

Wo der **Namiyoke-Inari-Schrein** 2 steht, war der Haupteingang zum Marktgelände. Noch zum Zeitpunkt seiner Gründung 1657 lag der Shinto-Schrein direkt am Ufer, und schon damals rang man neues Land dem Meer ab. Tsukiji bedeutet wörtlich ›gewonnenes Land‹. Doch die Wellen erschwerten die dortige Landgewinnung, und erst als man ein Bild der Schutzgottheit opferte, gelang der Abschluss der Bauarbeiten. Daher der Name des Tempels, der übersetzt ›Schutz vor den Wellen‹ bedeutet. Anfangs wandten sich hier vor allem Seefahrer und Fischer an die Schutzgeister, um eine sichere Reise zu erbitten, später die Händler für gute Geschäfte beim Handel im Fischmarkt.

Beim Betreten des Tempelbezirks durch das große Torii fallen Ihnen rechts und links zwei über 50 Jahre alte Löwenköpfe auf, die während des Schreinfestes im Juni durch die Straßen getragen werden. Kaufen Sie ein Omikuji, ein Glückslos, für 200 ¥ vorne am Tempel rechts. Es sagt Ihnen (auch in englischer Sprache), ob Ihre Hoffnungen sich erfüllen werden. Sie können es entweder mitnehmen oder, besser noch, Sie binden es, wie viele Japaner, an den Ast eines kleinen Baumes beim Eingang.

Händler im Tsukiji Outside Market

Sowohl viele Japaner als auch Touristen kommen gerne zum Einkaufen nach Tsukiji oder besuchen eines der vielen Restaurants, vor denen sich oft lange Schlangen bilden. Um nur einen kurzen Snack zu genießen, kann man sich auch etwas Fingerfood kaufen. Gehen Sie zur **Touristeninformation,** die eine sehr hilfreiche Karte vom Markt bereithält und bei Fragen gerne auch auf Englisch hilft. Direkt gegenüber finden Sie zwei Verkaufsstände: **Tsukiji Yamacho** 1 verkauft gebratenes süßes Rührei. Sollte die Schlange auch dort zu lang sein, dann gehen Sie zu **Daisada** gegenüber und genießen dort für 100 ¥ ein frisch gebratenes Stück Rührei am Stiel.

E
ETIKETTE

Etikette am Shinto-Schrein:
1. Am Wasserbecken reinigt man mit Wasser aus einem Schöpflöffel Hände und Mund. Beobachten Sie am besten bei anderen, wie das genau funktioniert, manchmal findet man auch Hinweisschilder.
2. Am Hauptschrein verbeugen Sie sich einmal kurz, und falls eine Glocke vorhanden ist, ziehen Sie daran, damit die Götter über Ihren Besuch Bescheid wissen.
3. Nun werfen Sie eine Geldspende in die Opferbox, der Betrag steht Ihnen frei, z. B. eine 5-¥-Münze.
4. Verbeugen Sie sich zweimal tief (90 Grad) und klatschen Sie dann zweimal in die Hände, bevor Sie beten. Am Ende des Gebets machen Sie noch einmal eine tiefe Verbeugung.

INFOS/ÖFFNUNGSZEITEN

Touristeninformation Plat Tsukiji: Öffnungszeiten Mo–Sa 8–14, So 10–14 Uhr.

Tsukiji Outside Market 1: www.tsukiji.or.jp/english. Ruhetage der Restaurants und Läden sind am Sonntag und meistens auch am Mittwoch, die genauen Zeiten finden Sie im Kalender auf der Website.

Namiyoke-Inari-Schrein 2: www.namiyoke.or.jp

Tsukiji Hongan-ji 3: www.tsukijihongwanji.jp

KULINARISCHES FÜR ZWISCHENDURCH

›Vegetarischen Thunfisch‹ backt die ganze Familie Nakajima im **Sanoki-ya** 1 immer frisch in verschiedenen Variationen. Es handelt sich hier um Taiyaki, also gebackene Waffeln, die mit roter Bohnenpaste gefüllt sind und die Form eines Thunfischs haben. Die Standardausführung heißt Hon Maguro und kostet 200 ¥. Mit zusätzlichen Aprikosenstücken (meine Empfehlung) heißen sie Chu Toro (220 ¥). Gefüllt mit Eiscreme in drei wählbaren Geschmacksrichtungen zahlt man 250 ¥. Sie werden hinten im Laden zubereitet, und man kann dabei zusehen. Leider gibt es keinen Kaffee, doch den bekommt man um die Ecke bei **Yonemoto Coffee** 2 (ab 280 ¥). 4-11-9 Tsukiji, Chūō-ku, T 03-3543-3331, Mo–Sa 7–15 Uhr.

LECKERES AUF DEM MARKT

Tsukiji Yamacho 1: http://yamachou-matue.jp, 6–15.30 Uhr

Marutama Suisan 2: 6–13 Uhr

Bei **Uogashi Meicha** 3 mitten im Tsukiji Outside Market gibt es verschiedene japanische Tees zu kaufen, darunter auch Matcha in Dosen in zwei unterschiedlichen Qualitäten. Der normale Grüntee wird auch jederzeit zum Probieren angeboten (www.uogashi-meicha.co.jp, 4-10-1 Tsukiji, Chūō-ku, Mo, Di und Do–Sa 7–15 Uhr).

Cityplan: L/M 6/7 | **U-Bahn** Tsukiji-Shijo E18 oder Tsukiji H10

Eine weitere Empfehlung ist **Marutama Suisan** 2, dort gibt es frittierte Fischpasteten, Kamaboko, mit Gemüse und Fisch für 100 ¥ pro Stück, oder nehmen Sie gleich eine gemischte Packung für 500 ¥. Vegetarier jedoch aufgepasst: Auch wenn Ihnen Stücke nur mit Gemüse verkauft werden – die weiße Masse von Kamaboko ist immer auf Basis von Fischpastete.

Großer Buddhistischer Tempel

Wenn Sie etwas Ruhe vom Trubel des Marktes suchen, gehen Sie zum buddhistischen Tempel **Tsukiji Hongan-ji** 3 und bewundern Sie im In-

neren mit von Räucherwerk geschwängerter Luft den goldenen Amida-Buddha. Von außen sieht das Gebäude überhaupt nicht aus wie andere buddhistische Tempel in Japan. Nach dem großen Erdbeben 1923 entschied sich der Architekt in den 1930er-Jahren beim Neubau für den indischen Baustil. Tsukiji Hongan-ji ist einer der größten buddhistischen Tempel in Tokyo und gehört zur in Japan sehr verbreiteten Jōdo-Shinshū-Sekte. Rechts von dem großen Gebäude befindet sich ein kleiner Tee-Salon für eine Pause. Wer nur eine Toilette sucht, findet diese sowohl im Tempel auf der linken Seite als auch beim Haupteingang auf der rechten Seite.

Etwas versteckt am Namiyoke-Inari-Schrein sind die rot geschürzten Fuchs-Statuen des Shinto-Schreins, die als Schutzgeister über Erfolg oder Misserfolg u. a. der Reisernte wachen.

UM DIE ECKE

Auf dem Weg von Tsukiji auf der Harumi-dōri zur Luxusmeile Ginza können Sie das Kabuki-Theater, **Kabuki-za** (► S. 108), überhaupt nicht verfehlen, das seit 1889 hier steht. Es wurde einmal komplett abgerissen und dann im alten Stil wieder aufgebaut und 2013 schließlich neu eröffnet. Beim traditionellen Kabuki-Theater treten nur männliche Schauspieler auf, und falls Sie eine ganze Vorstellung sehen wollen, müssen Sie Geduld aufbringen – bis zu fünf Stunden dauert eine Vorstellung mit Pausen zwischen den einzelnen Stücken.

3

Händlerviertel des alten Edo – **Nihonbashi**

Nihonbashi könnte gegensätzlicher nicht sein: Um den U-Bahnhof wachsen die Luxuskaufhäuser in den Himmel, während in den Seitenstraßen traditionelle Geschäfte Jahrhunderte überdauerten. Langsam breiten sich die Hochhäuser auch dort aus, doch bieten sie in japanischer Manier den angestammten Läden Unterschlupf.

In der Edo-Epoche (1603–1868) war die **Nihonbashi-Brücke** 1 aus Holz. Ein Nachbau kann sowohl im Edo-Tokyo-Museum als auch im Abflugterminal von Haneda bestaunt und betreten werden. Die jetzige Steinbrücke stammt aus dem Jahre 1910, und sicherlich hat der damalige Erbauer nicht damit gerechnet, dass man einmal

In Nihonbashi wachsen die Kaufhäuser in den Himmel und die Straßen schrauben sich in die Höhe.

INFOS

Fukutoku-Schrein 2: http://mebuki.jp

KULINARISCHES FÜR ZWISCHENDURCH

Bei **Tsuruya Yoshinobu** 1 kann man den Wagashi-Meistern bei der Herstellung der Süßigkeiten zuschauen. Während man einen Matcha-Tee schlürft, sieht man das aus süßer Bohnenpaste hergestellte Kunstwerk entstehen, mit Sieben und langen Essstäbchen vollendet der Meister sein Werk. Für 1296 ¥ nicht gerade günstig, aber das Erlebnis ist sein Geld wert (http://tokyo-mise.jp).

FUNDSTÜCKE

Edoya 1: www.nihonbashi-edoya.co.jp, Mo–Fr 9–17 Uhr
Ozu-Washi 2: www.ozuwashi.net, Mo–Sa 10–18 Uhr
Mitsukoshi 3: www.mitsukoshi.co.jp.
Der Zahnstocher-Händler **Saruya** 4 existiert bereits seit 1704, allerdings nicht an dieser etwas schwer zu findenden Stelle. Artikel wie Etuis und verschieden lange Zahnstocher in sehr hübschen, von Hand geschnitzten Formen gibt es hier zu kaufen (www.nihonbashi-saruya.co.jp, Mo–Sa 10–18 Uhr).

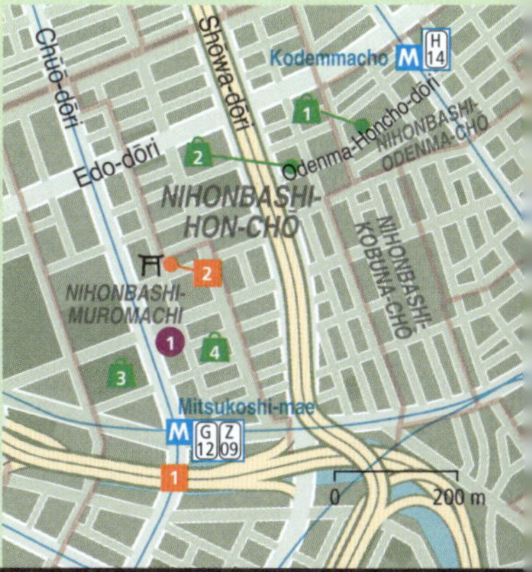

Cityplan: M/N 3/4 | **U-Bahn** Mitsukoshimae G12, Z09

Jahre später noch eine Hochstraße darübersetzt. Gefährlich nahe kommt die Hochstraße einer prunkvollen Straßenlaterne. Eine weitere Lampe, die früher auf der Mitte der Straße stand, wurde entfernt und schwebt nun in Höhe zwischen den beiden Hochstraßen. Wahrscheinlich sind Touristen beim Betrachten der historisch bedeutsamen Nullmarke, von der aus alle Entfernungen in Japan von Tokyo aus gemessen werden, auf der Mitte der Brücke überfahren worden, weshalb man diese 1972 auf einen Gedenkstein am Rande der Brücke in Richtung Kaufhaus Mitsukoshi setzte.

Bürsten und Japanpapier

Seit über 300 Jahren existiert der Bürstenladen **Edoya** 1 an derselben Stelle. Sehr schön ist bei diesem zweistöckigen Gebäude die gut hundert Jahre alte Fassade. Das Geschäft ist leicht an einem großen blauen Stoffbanner mit dem Kanji, dem chinesischen Schriftzeichen, des Namens zu erkennen. Es werden Bürsten aus japanischer

Produktion angeboten; ich kaufe mir immer eine Reinigungsbürste für Pfannen, die sehr lange hält (1296 ¥). Im Laden hängen viele Bürsten und Staubwedel für alle erdenklichen Zwecke von der Decke.

Der Papierhändler **Ozu-Washi** 2 gründete 1653 hier seinen Laden, und bis heute bietet er Washi-Papier, handgeschöpftes Japanpapier, in schier unvorstellbarer Auswahl zum Kauf an. Wer einmal den kompletten Herstellungsprozess des Japanpapiers miterleben möchte, kann (möglichst nach vorheriger Reservierung) unter Anleitung sogar selbst Papier schöpfen (Kosten: 500 ¥). Im dritten Stock befindet sich ein kleines Museum zur über 360-jährigen Geschichte des Papierhändlers.

Füchse für die Fruchtbarkeit auf einer Insel der Glückseligkeit

Auf eine über 1000-jährige Geschichte blickt der **Fukutoku-Schrein** 2 zurück. Er ist der Fuchs-Gottheit gewidmet, die für die Fruchtbarkeit und besonders den Reisanbau zuständig ist. Wie eine kleine Insel der Glückseligkeit liegt der Neubau des Schreins umringt von neu erbauten Hochhäusern. Wenn Sie genau hinschauen, sehen Sie zwischen dem Yuito-Gebäude und dem Yuito Annex einen Zugang direkt von der Hauptstraße zum Schrein.

Eine hübsch gefüllte Bento-Box von Mitsukoshi ist eine Investition für ein gelungenes Picknick.

UM DIE ECKE

Geschäftiges Treiben herrscht in der Feinkostabteilung im Untergeschoss des exklusiven Kaufhauses **Mitsukoshi** 3. Torten, Kekse, eingelegtes Gemüse, Frittiertes, frisches Obst und Gemüse. Bei der großen Auswahl an Lebensmitteln weiß man gar nicht, wo man mit dem Probieren anfangen soll. Wie wäre es z. B. mit einer Reisecke Onigiri, die man mit verschiedensten Füllungen schon für umgerechnet ein bis zwei Euro kaufen kann. Oder doch etwas Ruhe vom ganzen Trubel? Dann fahren Sie einfach mit dem Fahrstuhl zum Dachgeschoss und entspannen Sie beim Anblick eines kleinen Schreins oder der zahlreichen Bonsaibäume, die hier vor der Hochhauskulisse von Nihonbashi zum Verkauf ausgestellt sind.

Elektronik, Manga und alte Schreine – **Akihabara**

#4

Laut und schrill geht es im Elektronikviertel zu, das sich in den letzten Jahren zusätzlich zu einem Mekka der Manga- und Anime-Kultur entwickelt hat. Abseits der Hauptstraße ist es ruhiger und Kunst, Kunsthandwerk sowie Cafés überwiegen. Beim Schreinfest Kanda-Matsuri werden über 200 Trageschreine durch die Straßen getragen.

Direkt an das Bahnhofsgebäude der Yamanote-Linie schließt das dreistöckige Gebäude mit dem **Radiocenter** 1 an, in dem sich in mehreren Reihen und zwei Stockwerken unzählige Elektronikhändler kleine Parzellen teilen. Leuchtmittel, Stecker, Adapter, Kabel, Ventilatoren, Alarmanlagen, Thermometer,

Hat Ähnlichkeit mit einer Ameisenstraße: Die Chūō-Dōri.

»Heute alles billiger!« – lautstark wird für aktuelle Sonderangebote geworben.

Funkgeräte, Messgeräte, Netzteile und Schalter sind nur ein kleiner Auszug aus dem Sortiment.

Auf der gegenüberliegenden Seite spucken gleich mehrere Busse ganze Gruppen chinesischer Touristen aus, die sogleich das Hauptgeschäft von **Laox** 1 zum Duty-Free Shopping stürmen, um wenig später bepackt mit Reiskochern wieder glücklich von dannen zu ziehen.

Entlang der Straße **Chūō-Dōri** mit den knallbunten Fassaden der Läden für Computer, Elektronik oder Manga herrscht dichtes Gedränge auf den Gehwegen. An einem Kleidergeschäft versucht der Verkäufer lautstark, die Leute mit Rabatten ins Geschäft zu locken, schafft es aber nicht, gegen die dröhnende Musik seines Nachbarn anzukämpfen.

Ü
ÜBRIGENS

Wer in Akihabara Elektronik oder Computer kauft, muss sich nicht allein auf die von vielen Läden angebotenen **Garantieverlängerungen** verlassen. Auch ein ›IT Mamori‹-Amulett – beim Kanda-Myōjin-Schrein als Aufkleber für 1000 ¥ (Nummer 70 in der Liste am Amulettladen) erhältlich – schützt Computer vor bösen Geistern, Viren und Hardwaredefekten. Aber Achtung: Es wirkt nur, wenn man daran glaubt!

Neue Kunstszene

Wer von den Elektronikläden und Manga Shops genug hat: Am Rande von Akihabara entwickeln sich immer mehr Läden für Kunst und Kunsthandwerk. Die Aki-Oka Street ist ein Erschließungsprojekt der Eisenbahn JR East, um die Fläche unterhalb der Yamanote-Linie zwischen Akihabara und Okachimachi neu zu beleben. Besuchen Sie zum Beispiel die Shops im **Aki-Oka Artisan 2k540** 2. Der Schwerpunkt liegt hier auf Kunsthandwerk

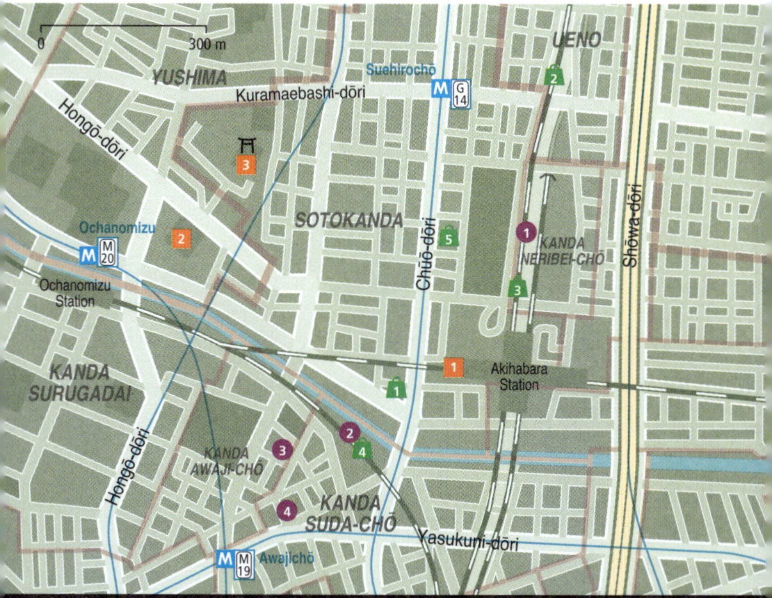

Cityplan: L/M 1/2 | **S-Bahn** Akihabara, **U-Bahn** H15 oder Iwamotocho S08

INFOS/ÖFFNUNGSZEITEN

Radiocenter 1: www.radiocenter.jp, tgl. 9–17 Uhr
Yushima Sedō 2: www.seido.or.jp.
Kanda-Myōjin-Schrein 3: www. kandamyoujin.or.jp.

KULINARISCHES FÜR ZWISCHENDURCH

Aki-Oka Caravane 1: www.jrtk.jp/ b-1gp, tgl. 11–21 Uhr
N3331 2: 1-25-4 Kanda-sudachō, Chiyoda-ku, www.n3331.com, Mo–Fr 11–23, So 11–21 Uhr
Falls die Schlange für die Buchweizennudeln beim bekannten Soba-Restaurant **Kanda Yabusoba** 3 (2-10 Kanda Awajichō, Chiyoda-ku, www.yabusoba. net, Do–Di 11.30–20 Uhr) gerade zu lang ist, gibt es um die Ecke als Alternative **Kanda Matsuya** 4 in einem über 100 Jahre alten Haus aus der Meiji-Zeit (1-13 Kanda Sudachō, Chiyoda-ku, www. kanda-matsuya.jp, Mo–Fr 11–20, Sa, Fei 11–19 Uhr).

FUNDSTÜCKE

Laox 1: 1-2-9 Sotokanda, Chiyoda-ku, www.laox.co.jp, tgl. 10–19 Uhr
Aki-Oka Artisan 2k540 2: www.jrtk. jp/2k540, Do–Di 11–19 Uhr
Hacoa: www.hacoa.com, Do–Di 11–19 Uhr
Chabara Aki-Oka Marche 3: www. jrtk.jp/chabara/, tgl. 11–20 Uhr
mAAch ecute 4: www.maach-ecute. jp, www.n3331.com.
Direkt an der Chūō-Dōri fällt das Gebäude mit dem blauen Pinguin von **Don Quijote Akihabara** 5 gleich auf.
Hier gibt es neben viel Plunder und interessanten Kostümen für die nächste Faschings- oder Halloween-Party viele Discount-Artikel, im 4. Stock (5F) ein Maid Cafe mit Personal im Dienstmädchenkostüm und in den beiden Stock-werken darüber eine Videospielhölle (4-3-3 Sotokanda, Chiyoda-ku, www.donki. com, tgl. 10–5 Uhr).

und Produkten aus natürlichen Materialien. Mein Lieblingsshop hier ist **Hacoa** mit herrlichen Designprodukten ausschließlich aus Holz. Auf dem Weg zum Aki-Oka Artisan 2k450 kommt man am Bahnhofsvorplatz zunächst bei **Chabara Aki-Oka Marche** 3 vorbei, wo einem ein köstlicher Geruch entgegenschlägt, denn hier geht es um kulinarische Spezialitäten. Die Erzeuger aus ganz Japan sind bei Verkaufsaktionen persönlich vor Ort, für den direkten Kontakt zu ihren Kunden.

Als nächstes folgt dann **Aki-Oka Caravane** 1, eine wahre Karawane aus zehn Food Trucks und zwei Wagen für Getränke. Man muss zunächst Tickets an einem Automaten kaufen, bevor man sein Essen bekommt und sich auf Plastikstühlen und Tischen unterhalb der Bahnlinie niederlassen kann.

Manga ist Kult! Die japanischen Comics sind inzwischen rund um die Welt bekannt und beliebt und haben eine große zeichnerische Vielfalt entwickelt. Besonders typisch, wie auch in diesem Manga in Akihabara zu sehen, sind große Augen und kindliche Gesichter und Proportionen.

Konfuzius hilft bei der Prüfung

Wenn Sie vom Bahnhof Ochanomizu kommen, erreichen Sie zunächst den Tempel **Yushima Sedō** 2. Er ist in einer recht ungewöhnlichen schwarzen Farbe gestrichen. Hierher kommen Studenten, um für gute Ergebnisse bei ihren Prüfungen zu beten. Eine Statue von Konfuzius befindet sich im Zentrum des Schreins.

Viel bunter dagegen der **Kanda-Myōjin-Schrein** 3 mit seiner roten Lackierung und den farbenfrohen Schnitzereien am Schrein-Portal. Hier steigt alle zwei Jahre (in ungeraden Jahren) im Mai das Kanda-Matsuri, bei dem viele Trageschreine durch die Straßen von Kanda und Akihabara getragen werden. Das Kanda-Matsuri gehört neben dem Sanja-Matsuri und dem Fukugawa-Matsuri zu den drei größten Schreinfesten des Shinto in Tokyo.

UM DIE ECKE

Bei **mAAch ecute Kanda Manseibashi** 4 befinden sich in den alten Gemäuern eines heute nicht mehr genutzten Bahnhofs schicke Restaurants, Cafés und Läden. Das Café **N3331** 2 wurde direkt auf dem Bahnsteig gebaut, an dem schon seit vielen Jahrzehnten keine Züge mehr halten, sondern nur vorbeifahren. Fotografieren mit Blitz ist daher verboten, um die Zugführer der Chūō-Linie nicht zu blenden.

In der Unterstadt beim Sumida-Fluss – **Asakusa**

5

Ein bisschen noch fühlt man die Atmosphäre des alten Edo in Asakusa, auch wenn es heute eher touristisch zugeht. Bis Mitte des 19. Jh. lebten in den niedrig liegenden Gebieten beim Fluss Sumida-gawa – auf Japanisch Shitamachi (Unterstadt) genannt – die einfachen Leute. Sie verstanden es, Feste zu feiern, und Shitamachi wurde ein beliebtes Ausgehviertel.

An der Kreuzung zum Kaminari-mon (Donnertor) befindet sich ein Gebäude, dessen Fassade so aussieht, als hätte Godzilla japanische Häuschen aufeinandergestapelt: das **Asakusa Culture Tourist Information Center** 1. Von der Dachterrasse im achten Stock hat man eine herrliche Sicht

Noch schnell ein Erinnerungsfoto vor dem Kaminari-mon, dem Donnertor zur Nakamise Dōri.

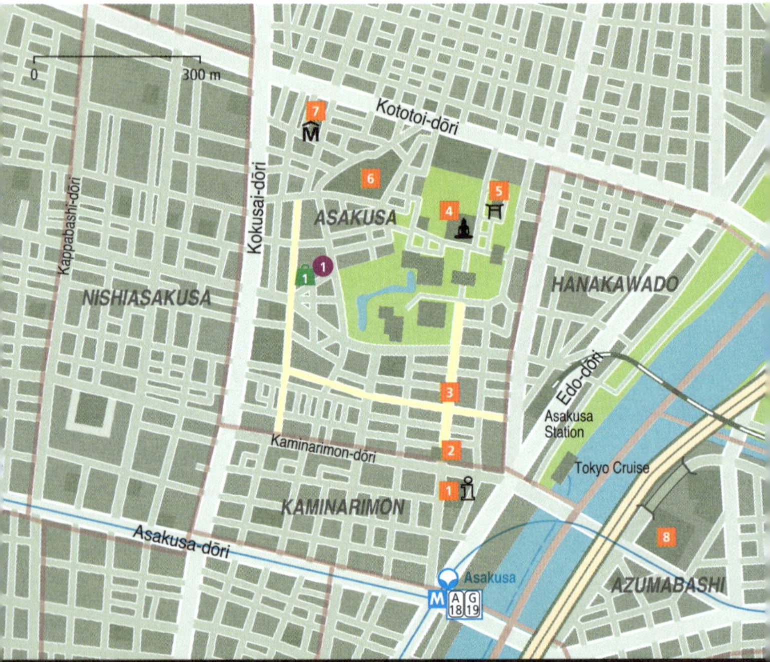

Cityplan: Karte 2, E/F 3 | **U-Bahn** Asakusa G19 und A18

INFOS/ÖFFNUNGSZEITEN

Nakamise Dōri 3: www.asakusa-nakamise.jp
Sensō-ji 4: www.senso-ji.jp
Asakusa-jinja 5: www.asakusajinja.jp
Hanayashiki 6: www.hanayashiki.net, tgl. 10–18 Uhr, Eintritt 1000 ¥, bis sechs Jahre Eintritt frei. Für die Fahrgeschäfte müssen nochmals Tickets gekauft werden.
Edo Shitamachi Traditional Crafts Museum 7: tgl. 10–20 Uhr, Eintritt frei
Kappabashi Dōri: www.kappabashi.or.jp
Asahi Beer Hall 8: 1–23-1 Azumabashi, Sumida-ku, tgl. 10–22 Uhr

KULINARISCHES FÜR ZWISCHENDURCH

Im 2. Stock des Marugoto Nippon kommen Liebhaber des schaumig geschlagenen grünen Tees Matcha im Teehaus **Tsuboichi** 1 aus Ōsaka voll auf ihre Kosten. Man sollte sich die Matcha lover‹s Combo mit Matcha-Eiscreme, Matcha-Keksen und Matcha-Mochi mit einem Matcha-Tee auf keinen Fall entgehen lassen. Im Sommer sind die Shaved-Ice-Variationen zu empfehlen, die günstigste Variante ohne zusätzlichen Tee kostet 1050 ¥.

FUNDSTÜCKE

2014 eröffnete das Einkaufszentrum **Marugoto Nippon** 1 seine Pforten und bietet eine große Auswahl hochwertiger Produkte aus allen Regionen Japans. Kunsthandwerk, Lebensmittel und Restaurants sind auf vier Stockwerke verteilt. Immer sehr viel Betrieb ist im Erdgeschoss, wo es ausschließlich Lebensmittel und kleine Essensstände gibt (www.marugotonippon.com).

über den Tempelbezirk sowie hinüber zum Tokyo Skytree (► S. 82) und zu den Gebäuden der Asahi-Brauerei. Zwei ältere Damen neben mir scherzen über die Skulptur von Designer Philippe Starck »Flamme d'Or«. Die beiden fühlen sich von dem Objekt auf dem Dach des schwarzen Gebäudes an einen goldenen Hundeknödel erinnert.

Mehr eine Zierde der Tafel als ein Ess-Besteck sind die Stäbchen, die man in der Nakamise-Gasse bekommt.

Shoppen am Tempel

Durch das **Kaminari-mon (Donnertor)** 2 mit seiner riesigen Papierlaterne betritt man die **Nakamise Dōri** 3, eine Geschäftsstraße mit nahezu hundert kleinen Geschäften für Souvenirs und Süßigkeiten. 200 m weiter erreicht man den **Sensō-ji** 4. Wenn die Japaner zu Neujahr den Tempel besuchen, schützt ein Gitter den Kopf des Wachmanns am Opferstock, damit er von den umherfliegenden Münzen nicht getroffen wird.

Links davon sieht man die Fünfstöckige Pagode (Five Storey Pagoda) und weiter auf der linken Seite liegt der Hanayashiki Amusement Park. Rechts vom Sensō-ji befindet sich der kleinere **Asakusa-jinja** 5. Hier steigt im Mai das größte Schreinfest in Tokyo,das sogenannte Sanja-Matsuri, eine einmalige Gelegenheit, tätowierte Yakuza beim Tragen von Mikoshi (Trageschreinen) zu sehen.

Ninja-Training

Um den Themenpark für Kinder **Hanayashiki Amusement Park** 6 zu finden, folgen Sie einfach dem Kindergeschrei oder halten Sie nach dem weithin sichtbaren Mast des Space Shot, links hinter dem Sensō-ji Tempel, Ausschau, ein Vergnügungspark mit langer Geschichte. Eine neuere Attraktion für Kinder ist das Training der Ninja-Künste ›Hanayashiki Ninja Challenge‹ im Ninja Taiken Dōjō. Wer nur kurz einmal ein paar Wurfsterne auf eine Zielscheibe werfen möchte, kann das direkt beim Vergnügungspark (500 ¥). Oder man leistet sich ein Selbstbildnis in einem Ninja-Kostüm, die Fotomontage bekommt man per E-Mail zugeschickt (500 ¥). Ausgedruckte Fotos dauern circa 1 Stunde und kosten mehr.

B BOOT

Direkt an der Brücke über den Sumida-Fluss befindet sich der Anlegesteg von **Tokyo Cruise.** Von hier kann man Bootsfahrten auf dem Sumida-Fluss unternehmen und insbesondere bei gutem Wetter kann man bis zum Hama-Rikyū-Park (► S. 85) fahren. Zu Stoßzeiten muss man allerdings ein bisschen Wartezeit in Kauf nehmen.

Kunsthandwerker in Aktion

In einer überdachten Einkaufsstraße am nordwestlichen Ende des Tempelbezirks befindet sich das **Edo Shitamachi Traditional Crafts Museum** 7 (Edo Shitomachi Dentō Kōgeikan) mit Ausstellungsstücken im Obergeschoss, der Eintritt ist frei. Im Erdgeschoss werden traditionelle Handwerkskünste vorgeführt, bei meinem letzten Besuch zeigte ein Holzschnittmeister seine Schnitzkunst den Besuchern. Ganz gleich ob Papierlaternen, Kästchen aus Holz, Metallwerkzeuge, Pinsel, Kinderpuppen, Geschirr aus Lack und Bambus, gewebte Stoffe, hübsche Einlegearbeiten, Schnitzereien und Schmuckstücke aus Muscheln, Fächer, Uhren, Schilder oder Kochgeschirr aus Kupfer, die Handwerksarbeiten des alten Edo sind mannigfaltig.

Die Holzschnittkunst hat in Japan eine lange Tradition und sie wird bis heute gepflegt. Hier zeigt der Holzschnittmeister im Edo Shitamachi Museum, worauf es bei seinem Handwerk ankommt.

Na dann, »kampai« – prost!

Betrachtet man die Zentrale der **Asahi-Brauerei** 8 genau, so erkennt man in der goldenen Fassade mit den weißen oberen Stockwerken die Anmutung eines großen Glases Bier. In der Brauereizentrale gibt es im oberen Stockwerk ein Café und Restaurant mit Blick auf den Sumida-Fluss und den Tokyo Skytree (▶S. 82) oder auch ein frisch gezapftes kühles Bier, allerdings nicht umsonst …

Asahi Beer Hall ist eins von zwei Gebäuden der Zentrale der Asahi-Brauerei (das wichtigere), während sich in dem anderen kleinen Gebäude im Erdgeschoss ein Café befindet.

UM DIE ECKE

Viele Geschäfte für Restaurant- und Küchenbedarf findet man entlang der **Kappabashi Dōri** (Karte 2, E 3). Unzählige unterschiedliche Backformen gibt es bei Majiyama, Hashitou Honten bietet Wegwerf-Essstäbchen gleich im Hunderterpack an. Kaufen Sie besser ein paar der hochwertigen Essstäbchen, die man immer wieder benutzen kann und die es in reichhaltiger Auswahl in allen Größen und Farben gibt. Bei Sato Food Sample können Sie Sushi oder Yakitori-Spießchen aus Plastik kaufen. Noch besser bei Ganso Sample: In dem seit 1920 bestehenden Geschäft wird der Herstellprozess für Plastikmodelle anschaulich vorgeführt und man kann sogar auch selbst ein Plastikmuster erstellen (tgl. um 11, 14 und 16 Uhr).

Ruhige Gassen in Tokyo – **die Tempelstadt Yanaka**

#6

Wohngebiete mit kleinen Holzhäusern, durchzogen von unzähligen Tempelanlagen und Friedhöfen, sind in Yanaka auf einer Anhöhe im Nordwesten der Stadt erhalten geblieben. Insbesondere den vielen kleinen Tempeln, deren Umsiedlung zu aufwendig gewesen wäre, ist es zu verdanken, dass hier baulich kaum modernisiert wurde.

Starten Sie vom U-Bahnhof Sendagi (Ausgang 1) und laufen Sie zunächst die Straße den Berg hinauf. Nach einiger Zeit liegt auf der rechten Seite das Geschäft des Papierhändlers **Isetatsu** 🛍. Eine riesige Auswahl bunt bedruckter Papiere und Stoffe, Masken und Katzen aus Pappmaché findet sich in dem kleinen Laden.

Die Jizō-Figuren am Jomyo-in-Tempel erinnern an verstorbene Kinder.

Oben am Berg, gegenüber einem Tempel mit Steinfiguren, direkt am Gehsteig in einem alten Holzhaus hat **Tokyobike** 2 sein Hauptgeschäft. Schicke Stadtfahrräder in allen erdenklichen Farben werden hier angeboten, und wenn man möchte, kann man ein Fahrrad leihen und damit die Seitenstraßen Yanakas und Umgebung erkunden (für einen Tag 1000 ¥). Inzwischen ist Tokyobike sogar mit einem Laden in Berlin vertreten.

In einer schmalen Straße auf dem Weg zum Asakura-Chōso-Museum liegt ein Laden mit originellem Angebot für Rucksack-Fetischisten: **Arkness Design and Art Farm** 3. Die ungewöhnlichen Taschen werden hier entworfen. Das Aussehen der hippen Rucksäcke ist an das Design von Rescue-Taschen von Rettungssanitätern angelehnt.

R
47 RŌNIN

Der **Kannonji-Tempel** hat eine Verbindung mit der Geschichte der 47 Rōnin. Zwei der 47 Samurai waren Brüder des Tempelvorstehers und einige verschwörerische Treffen fanden wohl auch hier statt. Die Legende von den 47 Rōnin oder Samurai stammt aus dem japanischen Mittelalter und handelt von Mord, Verschwörung, Ehre und Treue. In kurzen Zügen: Nach dem ungerechten Tod des Samurai Asano schworen sich dessen 47 nun herrenlos *(rōnin)* gewordene Untergebene, ihren Herrn zu rächen, und töteten den für Asanos Tod Verantwortlichen. Sie entgingen der Strafe jedoch nicht: Der Shōgun verurteilte alle zum Tod durch Selbstmord.

Auf dem Kunst-Parcours

Eine Überdosis Kunst bekommen Sie auf dem Weg Richtung Yanaka Ginza. Im Kunstmuseum **Teramachi** 1 gibt es immer wieder andere Holzschnitte und manchmal auch recht moderne Tuschemalerei (Sumi-e-) zu betrachten. Vorteil: Man muss die Schuhe hier nicht ausziehen.

Gleich daneben befindet sich **Space for Art and Culture Oguraya** 2, eine Kombination aus Museum, Kunstausstellung und Verkauf von künstlerisch gestalteten Karten etc. in einem 150 Jahre alten Pfandhaus mit 100 Jahre altem feuerfestem Lagerhaus *(kura)*. Nachteil: Hier muss man die Schuhe ausziehen.

Etwas weiter auf der linken Seite befindet sich der **Kannonji-Tempel** 3, dem (weiblichen) Bodhisattva der Barmherzigkeit gewidmet, der in Japan Kannon heißt.

Museum im Bildhauer-Atelier

Asakura Fumio (1883–1964) war einer der berühmtesten japanischen Bildhauer. In seinem ehemaligen Wohnhaus und Atelier befindet sich heute das **Asakura-Chōso-Museum** 4 für Skulpturen. Wenn Sie das Museum besuchen (Schuhe müssen ausgezogen werden), besuchen Sie unbedingt auch den herrlichen Dachgarten mit einem großen Baum. Den Blick vom Dachgarten sollten Sie nicht versäumen. Einzigartig ist die Kombination aus europäischem Stil im Atelier und japanischem Stil im daran anschließenden Wohnhaus mit einem herr-

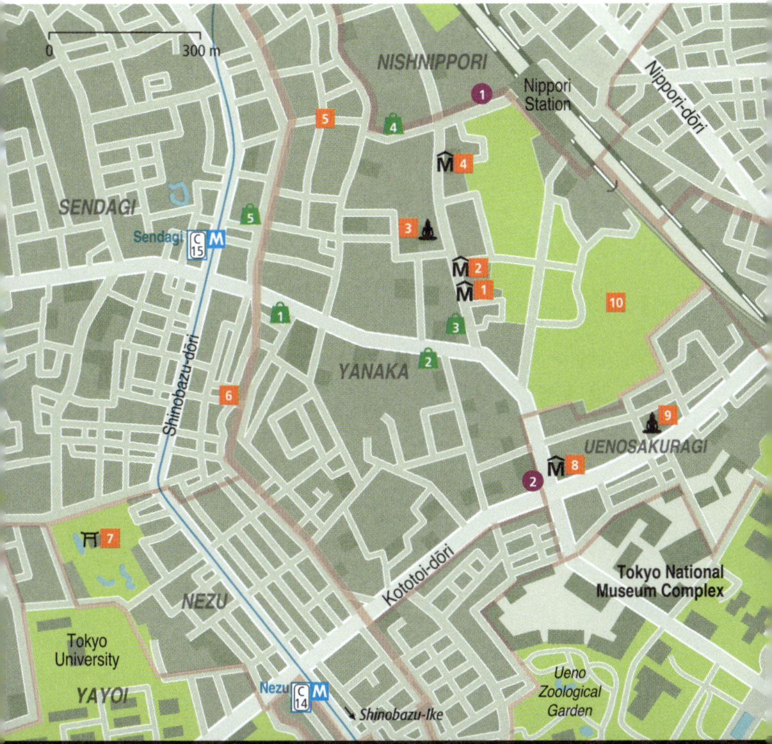

Cityplan: Karte 2, B/C 1/2 | **S-Bahn** Nippori, **U-Bahn** Sendagi C15, Nezu C14

INFOS/ÖFFNUNGSZEITEN

Teramachi 1: www.teramachi-artmuseum.com, Eintritt frei
Space for Art and Culture Oguraya 2: www.oguraya.gr.jp, Eintritt frei
Asakura-Chōso-Museum 4: Fr–So, Di/Mi 9.30–16.30 Uhr, Eintritt 500 ¥
Yanaka-Ginza 5: www.yanakaginza.com
Nezu-jinja 7: www.nedujinja.or.jp
Old Sake Store Yoshida-ya 8: Di–So 9.30–16.30 Uhr, Eintritt frei

KULINARISCHES FÜR ZWISCHENDURCH

Ab 14 Uhr gibt es in dem alten Holzhaus gegenüber dem Shitamachi Museum Annex im **Café Kayaba** 2 ein Tea-Set für 800 ¥. Meine Empfehlung: saftiger Matchakuchen, dazu ein frisch gebrühter Milchkaffee (http://kayaba-coffee.com).

FUNDSTÜCKE

Isetatsu 1: www.isetatsu.com
Tokyobike 2: www.tokyobike.com, Fr–Di 11–18 Uhr
Arkness Design and Art Farm 3: www.arknessjapan.jp
Matsunoya 4: www.yanakamatsunoya.jp
Kimuraya 5 wird in der zweiten Generation betrieben, ein alter Süßigkeitenladen, der zu Beginn der Shōwa-Zeit (1926–89) erbaut wurde und die Süßigkeiten in den alten Holzboxen aus dieser Zeit aufbewahrt. Die Preise sind auch wie früher: ab 10 ¥.

Kaufrausch mal anders: Die Yanaka-Ginza ist den Fußgängern vorbehalten. Mit Muße können sie hier die kleinen Läden ansteuern.

lich von Grün umgebenen Teich in der Mitte – alles vom Künstler selbst entworfen.

Süßes à la Japan: Café Atsuma

Seit über 70 Jahren besteht das **Café Atsuma** 1. Dort kann man die traditionelle japanische Süßigkeit Anmitsu probieren, ein Dessert mit Früchten, Geleewürfeln aus Algen, süßer Azukibohnenpaste und braunem Zuckersirup, also eine wirklich süße Angelegenheit. Zur Portion zu 550 ¥ (700 ¥ mit Softeis) gibt es einen kostenlosen grünen Tee. Vom Bahnhof Nippori kommend befindet sich das Café schräg gegenüber dem Seven-Eleven-Laden.

Alte Einkaufsgasse Yanaka-Ginza

Die schmale **Yanaka-Ginza** 5 ist für Autos tabu, kleine Häuschen reihen sich eng aneinander und im Erdgeschoss befinden sich meistens Läden für den täglichen Bedarf, Lebensmittel, Kleidung, aber auch einige Souvenirläden, Restaurants und Cafés.

Am Eingang der Yanaka-Ginza befindet sich gleich oben links eine ›Institution‹: **Matsunoya** 4, ein Laden für Korbwaren und weitere Haushaltsartikel. Den Lader beeindruckt seit über 60 Jahren durch seine einfachen und zeitlosen Artikel,

▶ LESESTOFF

Auf dem alten Yanaka-Friedhof liegen berühmte Schriftsteller begraben. Einer der berühmtesten dürfte der 1916 gestorbene Natsume Sōseki sein. Seine Novelle **Ich der Kater** ist mein absolutes Lieblingsbuch und ein guter Einstieg in die japanische Belletristik (in deutscher Übersetzung erschienen beim Insel Verlag).

die lokal und in Handarbeit hergestellt werden. In Richtung Nezu schlängelt sich die kleine Seitenstraße **hebi-michi** 6 zwischen kleinen Wohnhäusern und Geschäften. Ihren ungewöhnlichen Verlauf verdankt die Straße dem Fluss Aizome, der hier überbaut wurde.

Auf eine über 300-jährige Geschichte blickt der **Nezu-jinja** 7 zurück. Berühmt ist der Schrein vor allem für seinen großen Garten mit Azaleenbüschen. Zur Blüte dieser Azaleen findet von Mitte April bis Anfang Mai ein großes Schrein-Fest statt.

Zur Zeit der Azaleenblüte umhüllt ein Farbenrausch den Nezu-Schrein.

Sakefässer und 80 000 Jizōs

Das Gebäude des Sake-Händlers Yoshida steht an der großen Kreuzung mit Ampel, wo sich auch das Café Kabaya befindet. **Old Sake Store Yoshida-ya** 8 gehört heute als Annex zum Shitamachi Museum für Alltagskultur (▶ S. 78). Von damals noch gut zu erkennen ist die Kasse, an welcher der Spirituosenhändler auf einer Tatami saß und mit dem Abakus die Waren addierte. In den Regalen liegen alte Sakeflaschen und Fässer.

Einen kuriosen Tempel finden Sie etwa 200 m die Straße hinunter. Auf dem Gelände des **Jomyo-in-Tempels** 9 stehen über 80 000 Jizō-Figuren sowie Steintafeln; sie wurden für früh verstorbene Babys und auch Totgeburten aufgestellt.

Yanaka-Friedhof

Der **Friedhof Yanaka** 10 ist wirklich riesig mit teilweise geteerten Straßen. Der letzte Shogun Yoshinobu liegt hier begraben. Falls Sie die Grabstätten der berühmten Persönlichkeiten auf dem weitläufigen Gelände finden wollen, dann geht das nicht ohne die Hilfe der englischen Karte, die es kostenlos beim Friedhofsbüro am Eingang gibt (tgl. 8.30–17 Uhr).

→ UM DIE ECKE

Schnell erreicht man von Yanaka die vielen **Museen im Ueno-Park** (Karte 2, C 2/3), darunter das Tokyo National Museum und das National Museum of Nature and Science (▶ S. 78). Möchte man direkt zum Shinobazu-See mit seinen Schwanenbooten und dem Tempel Benten-do laufen, dann einfach am U-Bahnhof Nezu der Straße in südlicher Richtung folgen.

Tempel in Yanaka

#7

Französisches und japanisches Flair – **Kagurazaka**

Schmale gepflasterte Gässchen mit französischen Restaurants und Cafés, der Blick auf den Wassergraben Sotobori vom Canal Café, der jeden Japaner direkt an die Seine erinnert – das reicht, um die Gegend in Tokyos Stadtteil Kagurazaka in ›Klein-Paris‹ umzutaufen.

Am Wochenende ist die Straße **Waseda Dōri** 1 für den Durchgangsverkehr gesperrt – gemächlich ansteigend führt sie den Berg hinauf und die Bäume auf beiden Seiten recken ihre Äste steil nach oben, um zwischen den Häusern etwas Licht zu erhaschen. Zwischen Geschäften, Cafés, Restaurants und kleinen Suppenküchen dröhnt es laut aus einer Sega-Spielhalle. An manchen Stellen warten Menschen in langen Schlangen vor einem Restaurant.

Wer wird denn da so eilig vorbeihasten? Bei Baikatei gibt's Süßes!

Noch vor dem Tempel Zenkoku-ji auf der linken Seite führt rechts die schmale Straße **Honda Yokochō** 2 den Berg hinunter, einige der über 50 Restaurants und Kneipen dort öffnen nur am Abend.

Räucherstäbchen und Röst-Tee

Beim Laden **Per-Fume Tsubakiya** 1 gibt es vor allem Räucherwerk und andere schöne Kleinigkeiten, die sich als Souvenir eignen. Außerdem mischt man auch Pflanzen der chinesischen Medizin mit Räucherwerk, um es zu verbrennen.

Der Teeladen **Kagurazaka Meicha Rakuzan** 2 verkauft den gerösteten Grüntee *Hojicha* in drei Preisklassen. Die billigste für 540 ¥/100 g ist relativ stark geröstet und bei 1080 ¥ wird ein sehr hochwertiger Tee verwendet, aber die beste Balance ist der mittlere Tee für 756 ¥. Nehmen Sie im Laden eine Kostprobe, bevor Sie sich entscheiden.

Neben dem Teeladen führt eine schmale Gasse zu einem Haus, das Sie mit ausgestreckten Armen in voller Breite erfassen können – es ist wohl eines der schmalsten in ganz Tokyo.

Die Romantik des alten Edo in der Hyogo Yokochō erwacht, wenn am Abend die Laternen angezündet werden.

Tempel, Crêpes und Kugelfisch

Zwei frech grinsende Steintiger flankieren die Treppe am buddhistischen Tempel **Zenkoku-ji** 3, die man erklimmen muss, um einen Blick ins Innere zu werfen und eine Prise süßen würzigen Rauchs einzuatmen. Gegenüber führt der Weg zur Crêperie **Le Bretagne** 1, die erste Crêperie, die in Japan eröffnet wurde. Vor rund 20 Jahren machte Bertrand Larcher außerdem Galletes, Pfannkuchen aus Buchweizen, in Japan populär. An der Crêperie vorbei kommen Sie weiter unten zu der gepflasterten engen Gasse **Hyogo Yokochō** 4 mit traditionellen Kneipen und Herbergen. Sie ist ein beliebter Drehort für Kino- und Fernsehfilme. Wieder zurück oben am Tempel, kann man im **Fugu-Restaurant** rechts daneben die Fische gut sichtbar im Aquarium schwimmen sehen (►S. 96). Falls Sie einmal das Fleisch des giftigen Kugelfischs probieren möchten, gibt es hier die Gelegenheit.

Zwei Häuser hinter dem Fugu-Restaurant gibt es bei **Isuzu Wagashi** 3 eine reichhaltige Auswahl japanischer Süßigkeiten. Die auf süßen Bohnen basierenden Leckereien von der Theke halten sich nur ein bis drei Tage, mehrere Monate haltbar ist dagegen das Wagashi für die Teezeremonie.

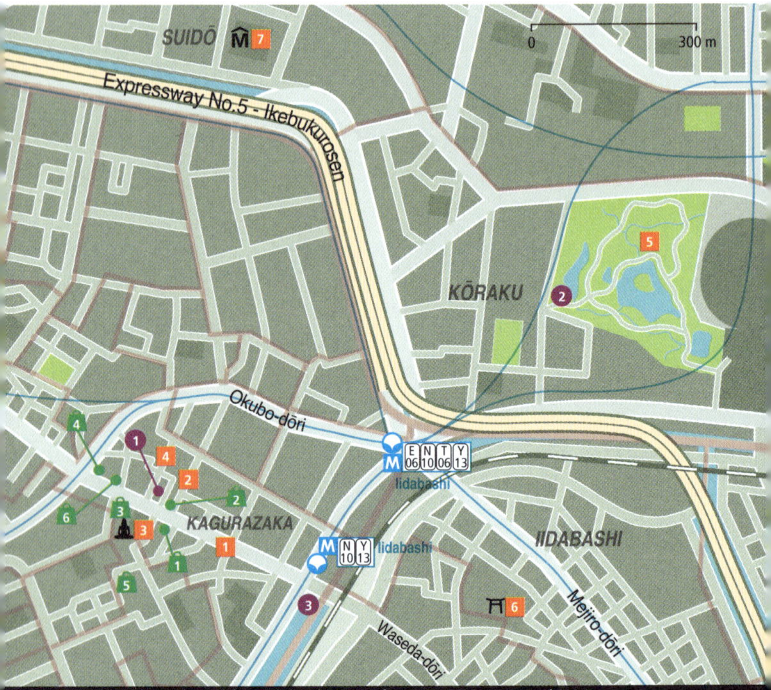

Cityplan: G–J 1| **S-Bahn** Iidabashi, **U-Bahn** E06, T06, Y13 und N10

INFOS/ÖFFNUNGSZEITEN

Waseda Dōri 1: www.kagurazaka.in
Koishikawa Kōrakuen 5: tgl. 9–17 Uhr, Eintritt 300 ¥
Daijingū-Schrein 6: www.tokyodaijingu.or.jp
Printing Museum Tokyo 7: www.printing-museum.org/en/, Di–So 10–18 Uhr, Eintritt 300 ¥

KULINARISCHES FÜR ZWISCHENDURCH

Crêperie Le Bretagne 1: www.le-bretagne.com
Kantoku-tei 2: ab 12 Uhr, nur Bargeld
Egal ob Sommer oder Winter, sobald die Sonne scheint, sitzt man im Selbstbedienungscafé **Canal Café** 3 und genießt den Blick auf den Wassergraben Sotobori. Nur hin und wieder durchbrechen die vorbeifahrenden Züge der Chuo- und Sobu-Linie die Stille und das Vogelgezwitscher (www.canalcafe.jp).

FUNDSTÜCKE

Per-Fume Tsubakiya 1: www.per-fume.jp
Kagurazaka Meicha Rakuzan 2: www.rakuzan.co.jp
Isuzu Wagashi 3: www.isuzu-wagashi.co.jp
Yamashita Shikki 4: 5–13 Kagurazaka, Shinjuku-ku, Mo–Sa 11–19, So 13–18 Uhr
La Ronde d'Argile 5: http://la-ronde.com
Im Laden von **Iwakura Powerstone** 6 finden Sie herrliche Mitbringsel basierend auf Steinen, Edelstein, aber auch Tenugui (Stofftücher) und andere Kleinigkeiten.

Schon fast 70 Jahre besteht der Laden **Yamashita Shikki** 4 nahe der Kreuzung am oberen Ende der Kagurazaka Dōri. Hier bekommt man sehr schöne Lackwaren zu noch akzeptablen Preisen.

Kleine japanische Glücksbringer und handgemachte Keramik und Gläser gibt es im Laden **La Ronde d'Argile** 5 etwas abseits an einer Ecke den Berg neben dem Tempel hinauf.

Gartenspaziergang und Schreinbesuch

Bereits zur frühen Edo-Zeit Mitte des 17. Jh. wurde der **Koishikawa Kōrakuen** 5 angelegt, eine künstliche Hügellandschaft und kleine Teiche um einen zentralen See mit Insel. Beim Durchlaufen des Gartens genießt man immer wieder unterschiedliche, abwechslungsreiche Ansichten. Heute erhebt sich hinter den Bäumen das Dach des imposanten Tokyo Dome, doch einen Besuch des Gartens zur Kirschblüte oder im Herbst sollte man nicht verpassen. Eine englisch geführte Tour beginnt jeden Samstag um 10 Uhr. Übersehen Sie auf keinen Fall den kleinen Garten Uchi-niwa – der Zugang befindet sich hinter dem See. Kommen Sie auch im Winter in den Garten und essen Sie günstig im Restaurant **Kantoku-tei** 2. Der Eingang zum Restaurant befindet sich gegenüber dem Ticketverkauf. Verwenden Sie die linke automatische Schiebetür. Schnell sind ab 12 Uhr die kleinen Tischchen mit den rosa und hellblauen Plastiktischdecken besetzt.

Der **Dai-jingū-Schrein** 6 in Iidabashi ist dem Ise-Schrein im Süden Japans nachempfunden, dem heiligsten Shinto-Schrein. Sehr schön ist das Schreingebäude mit dem kupfergedeckten Dach, dem großen Holzgiebel mit goldenen Verzierungen und dem violetten Tuch mit kaiserlichen Symbolen.

UM DIE ECKE

Um das **Printing Museum Tokyo** 7 von Toppan, der größten Druckerei Japans, zu erreichen, folgen Sie vom Bahnhof Iidabashi der Hochstraße 700 m lang auf der rechten Seite. Die Dauerausstellung widmet sich der Geschichte des Druckens in Japan vom Farbholzschnitt über den Bleisatz bis zu heutigen Druckverfahren. Von Dezember bis Februar werden Bücher ausgestellt, die weltweit mit Designpreisen bedacht wurden. Der Eintritt ist hier frei.

Ü ÜBRIGENS

Um Gläubigen die lange und beschwerliche Reise nach Ise zu ersparen, wurde in Tokyo der **Dai-jingū-Schrein** errichtet, und ein Besuch hier diente als Ersatz für eine Pilgerreise zum Ise-Schrein, der auf einer Schautafel hinter dem Holzeingangsportal des Dai-jingū-Schrein abgebildet ist.
Frauen, die sich Kinder wünschen, beten heute vorwiegend an diesem Schrein.

8

Vergnügungsviertel und grüner Park – **Shinjuku**

Einkaufen und Vergnügen gehören in Japan zusammen – für beides ist Shinjuku die perfekte Anlaufstelle. Während die einen noch Klamotten, Elektronik, Bücher oder knallbunten Firlefanz kaufen, versuchen andere bereits ihr Glück in der Pachinko-Halle oder schmettern Lieder in einer Karaoke-Box.

Selbst das japanische Filmmonster Godzilla hat auf dem Dach der **Toho Cinemas** 1 seinen Platz in Shinjuku gefunden. Am Ende der Kabukicho Central Road kann man den Eingang zum Hotel Gracery nicht verfehlen. Wenn kein großer Andrang herrscht, wird einem der Zugang nicht verweigert. Bewundern Sie den Echsenkopf und die Reliefs aus bekannten Filmszenen und streicheln Sie beim Verlassen Godzilla noch hinten an der Schulter. Nach dem angsteinflößenden Röhren und Fauchen des Monsters beruhigt ein Kaffee im Café **Bonjour**.

Die Kirschblüte (sakura) wird in Japan gerne mit einem Picknick gefeiert – dann herrscht nicht nur unter den Sakura-Bäumen im Shinjuku-gyoen Hochbetrieb.

INFOS/ÖFFNUNGSZEITEN

Samurai Museum 2: http://samuraimuseum.jp, tgl. 10.30–21 Uhr, Eintritt 1500 ¥

Shinjuku Gyoen 3: www.env.go.jp/garden/shinjukugyoen, Di–So 9–16.30 Uhr, Eintritt 200 ¥

Tokyo Opera City/NTT ICC: www.ntticc.or.jp, Di–So 11–18 Uhr

KULINARISCHES FÜR ZWISCHENDURCH

Die Kaffeekette **Tsubakiya** hat viele Filialen in Tokyo und ist bekannt für den hervorragenden Siphon-Kaffee. Mit 1380 ¥ für ein Stück Mont-Blanc-Kuchen und eine Tasse Kaffee nicht gerade günstig, aber die Filiale im zwölften Stock des Kaufhauses **Takashimaya** 3 ist sehr schön im japanisch traditionellen Stil eingerichtet.

FUNDSTÜCKE

Don Quijote 1: www.donki.com, tgl. 24 h

Isetan 2: http://isetan.mistore.jp, tgl. 10–20 Uhr

Takashimaya 3: www.takashimaya.co.jp/shinjuku

Kinokuniya 4: ► S. 99

Auf der Westseite des Shinjuku-Bahnhofs ist das Hauptgeschäft des Elektronikhändlers **Yodobashi Camera** 5. Auf 13 Gebäude verteilt, finden Sie eine enorm große Auswahl an Elektronikartikeln, Multimedia, Kameras, Spielzeug, Uhren, Computer, Mobiltelefone und Zubehör.

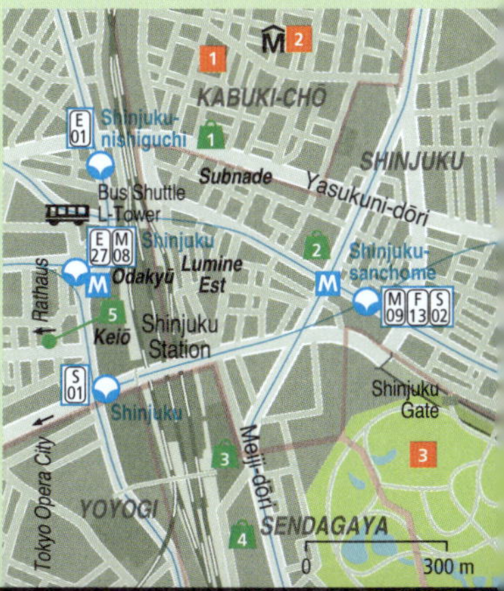

Cityplan: B–D 2–4 | **S-Bahn** Shinjuku, **U-Bahn** E01, M08, S01, E27 und Shinjuku-sanchōme F13, S02, M09

Samurai im Rotlichtbezirk

Wagt man sich weiter im Rotlichtviertel Kabukicho den Berg hinauf, kommt man zum **Samurai Museum** 2. Seit vielen Jahren sammelt der Eigentümer Herr Koyano alte Samurai-Rüstungen und stellt diese nun auf zwei Stockwerken in seinem Museum aus. Im oberen Stockwerk heißt es Schuhe ausziehen, denn die Ausstellungsräume sind mit Tatami belegt. Sehr eindrucksvoll ist die Waffen- und Helmesammlung. Werktags gibt es am Nachmittag vier Vorführungen von Schwertkämpfen.

Kitsch oder Luxus?

Die Discountläden **Don Quijote** 1 sind leicht am kleinen Pinguin mit Krone zu erkennen. Die Japaner sagen einfach nur Donki, weil es sich leichter aussprechen lässt. Hier gibt es allen möglichen

S
SHOPPING

Die Umgebung des Bahnhofs Shinjuku ist großflächig mit Shopping-Passagen und Gängen zwischen den U-Bahnhöfen unterkellert, sodass man an einem Regentag theoretisch vom Rathaus im Westen 2 km bis zum östlichen Rand laufen könnte, ohne an die Oberfläche zu kommen. Die Kaufhäuser **Keiō, Odakyū, Lumine Est** oder auch die unterirdische Shopping-Arkade **Subnade** laden dazu ein, bei schlechtem Wetter erkundet zu werden.

Plunder, billige Kostüme, Süßigkeiten, Kleidung und auch viele Dinge, die man wohl nur hier finden kann.

Das exklusivste Kaufhaus in Shinjuku ist **Isetan** 2. Bei Regen erreichen Sie das Kaufhaus trockenen Fußes vom Bahnhof Shinjuku über den Ausgang B5. Wer das morgendliche Begrüßungszeremoniell der Angestellten am Haupteingang erleben will, kommt bereits einige Minuten vor Öffnung. Immer eine wahre Augenweide ist ein Besuch der Lebensmittelabteilung im Untergeschoss. Im Gebäude nebenan, bei **Isetan Men's,** gibt es Kleidung für Herren auf allen Stockwerken.

Grüne Lunge

Eine Auszeit vom Großstadttreiben kann man im **Shinjuku-gyoen** 3 nehmen. Der weitläufige Park mit verschiedenen Gärten wie einem traditionellen Japangarten mit Teich und Steinlaternen sowie Gärten im französischen und englischen Stil ist Shinjukus grüne Oase. Auf großen Rasenflächen vergnügt man sich bei einem Picknick und lauscht dem Vogelgezwitscher. Insbesondere zur Kirschblütenzeit ist sehr viel Betrieb.

Südlich des Kaufhauses **Takashimaya** 3 befindet sich eine große Buchhandlung von **Kinokuniya** 4, in der man auf einem Stockwerk (6F) englische Bücher und sogar eine Ecke mit großer Auswahl an deutschen Büchern findet.

UM DIE ECKE

Im Gebäudekomplex **Tokyo Opera City** (A 4) ist das größte Opernhaus untergebracht. Neben Opern gibt es Konzerte klassischer Musik. Das **NTT ICC (Inter Communication Center)** im vierten Stock ist immer einen Besuch wert, mit moderner Kunst, insbesondere Videoinstallationen. Die Ausstellung Open Space wechselt jährlich einige Exponate und ist kostenlos, außerdem gibt es diverse andere Ausstellungen (Eintritt 500 ¥). Im dritten Stock gibt es eine Kunstgalerie, dort werden vorwiegend Künstler aus Japan gezeigt. Der Fußweg vom Shinjuku-Bahnhof beträgt circa 2 km, oder man fährt bis zum Bahnhof Hatsudai. Alternativ nimmt man den kostenlosen Shuttle-Bus vom Shinjuku L Tower zum Shinjuku Park Tower.

Designquartier und Kunstmuseen – **Roppongi**

#9

Bis heute ist Roppongi ein beliebtes nächtliches Ausgehviertel für in Tokyo lebende Ausländer. Durch ambitionierte Bauprojekte mit neuen Kunstmuseen hat sich der Stadtteil inzwischen zu einem Zentrum für Design und Kunst entwickelt. Das Roppongi Art Triangle wird durch das Suntory Museum, das National Art Center Tokyo und das Mori Art Museum gebildet.

Der **Tokyo Midtown Tower** 1 ist mit 248 m das höchste Gebäude im Stadtgebiet, in ihm sind hauptsächlich Büros und in den oberen Stockwerken das Hotel Ritz-Carlton untergebracht. In den unteren vier Stockwerken können Sie shoppen bis zum Umfallen oder es sich in einem der Restaurants gut gehen lassen. Der Schwerpunkt bei den Läden liegt auf Kleidung, aber auch

Hier können Sie der Kunst ins Netz gehen: Roppongi Hills.

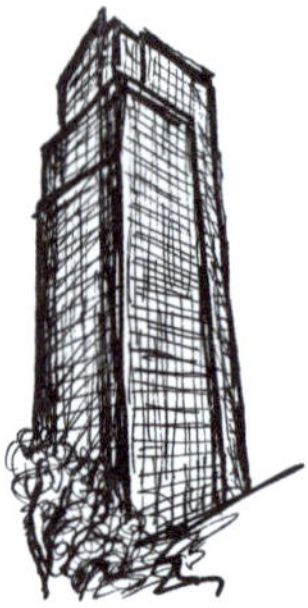

Tokyo Midtown Tower

Schreibwaren, Geschirr, Lebensmittel und weitere Dinge kann man dort finden. Um die Gebäude erstreckt sich der schöne Hinokichō-Park mit einigen Sitzgelegenheiten.

Fotografie und Design

Im **Fujifilm Square** 2 finden Fotofreunde kostenlose Ausstellungen zur Geschichte von Fujifilm. Noch sehenswerter sind aber die wechselnden Fotoausstellungen mit dem Schwerpunkt japanischer Naturfotografie.

Das von Tadao Ando entworfene Museumsgebäude des **21_21 Design Sight** 3 integriert sich gut in den Hinokichō-Park, lediglich die dreieckige graue Dachfläche und zwei Fensterflächen erheben sich über den Rasen. Die Ausstellungsräume mit nacktem Sichtbeton befinden sich im Untergeschoss und zeigen sehr gut kuratierte Ausstellungen mit Themen zu Design und Architektur. Die drei Direktoren des Museums gehören zu den bedeutendsten Designern Japans: Issey Miyake, Taku Satoh und Naoto Fukasawa.

Shoppen abseits der Hauptstraße

Nimmt man vom Midtown-Komplex die Fußgängerbrücke in nordwestlicher Richtung in den Park und läuft weiter geradeaus, kann man den Flagship-Store des japanischen Labels **221RESTIR** 1 nicht verpassen. In einer ruhigen Seitenstraße kann man selbst an einem sonnigen Wintertag draußen sitzen und bei einem Kaffee oder veganen Smoothie die Ruhe mit Blick auf Tokyos höchsten Wolkenkratzer genießen. Weitere dazugehörige Modeläden für Männer und Frauen befinden sich im Gebäude daneben, der Eingang dort ist leicht zu übersehen.

Internationale Kunst

Das **NACT – National Art Center Tokyo** 4 zeigt auf drei Stockwerken moderne Kunst und Gemälde des 20. Jh., darunter Wechselausstellungen mit Exponaten aus Sammlungen der renommiertesten Museen der Welt. Architektonisch ist der Glasbau eine Attraktion: Cafés und insbesondere der Museumsshop sind auch dann einen Besuch wert, wenn Sie keine Ausstellung besuchen wollen.

S SUNTORY

Das höchste Gebäude im Stadtgebiet von Tokyo hat nicht nur Büros und Shoppingmöglichkeiten zu bieten, sondern ist auch für Kunstliebhaber interessant. Denn das **Suntory Museum** befindet sich im 2. Stock (3F) des Tokyo Midtown Tower und zeigt Wechselausstellungen traditioneller japanischer Kunst – Keramik, Holzschnitte, bemalte Wandschirme u. v. m. Der Museumsshop mit seinen hübsch gestalteten Objekten ist immer einen Besuch wert.

Top in Roppongi

Zeitgenössische Kunst aus Japan und der ganzen Welt präsentiert das **Mori Art Museum** 5 ansprechend in seinen Ausstellungen. Wer außerdem den tollen Blick vom Roppongi-Hills-Gebäude erleben möchte, sollte das Kombiticket mit dem **Tokyo City View** kaufen (siehe Aussichtsplattformen). Die Aussicht vom Museum im 53. Stockwerk des Mori Tower beschränkt sich auf ein

INFOS/ÖFFNUNGSZEITEN

Tokyo Midtown Tower 1: www.tokyo-midtown.com/en
Suntory Museum: 3F Tokyo Midtown Tower, www.suntory.com/sma, Mi–Mo 10–18, Fr/Sa bis 20 Uhr, Eintritt variiert je nach Ausstellung
Fujifilm Square 2: http://fujifilmsquare.jp/en, tgl. 10–19 Uhr
21_21 Design Sight 3: www.2121designsight.jp
NACT 4: www.nact.jp, Sa–Mo, Mi/Do 10–18 Uhr, Fr 10–20 Uhr, Eintritt je nach Ausstellung
Mori Art Museum 5: www.mori.art.museum, Di 10–17, Mi–Mo 10–22 Uhr, Eintritt variiert je nach Ausstellung
Hie-Schrein: www.hiejinja.net

KULINARISCHES FÜR ZWISCHENDURCH

Die Cafés im Midtown-Komplex sind recht teuer und unter 1000 ¥ bekommen Sie kaum eine Süßigkeit mit Tee oder Kaffee. Daher empfehle ich Ihnen, bei dem Wagashi-Händler **Toraya** aus Kyoto eine japanische Süßigkeit zu kaufen und im Supermarkt auf der gegenüberliegenden Seite eine Flasche grünen Tee. Die Hälfte an Geld gespart, gönnen Sie sich eine Pause im Hinokicho-Park oder mit Blick auf den selbigen von den mit rotem Filz bezogenen Sitzgelegenheiten. Toraya ist im ersten Untergeschoss (B1) in Richtung zum Hinokicho-Park auf der rechten Seite durch den großen blauen Stoffvorhang nicht zu verfehlen (www.toraya-group.co.jp/english).

FUNDSTÜCKE

221RESTIR 1: 9-6-15 Akasaka, Minato-ku, T 03-5786-1253, www.restir.com, tgl. 11–21 Uhr
Insbesondere im 2. Stock (3F) des **Tokyo Midtown Tower** 1 finden sich einige Läden mit schönen Designprodukten, Japan-Souvenirs (The Cover Nippon) und Schreibwaren (Itoya).

Cityplan: E–G 6–8 | **U-Bahn** Roppongi H04 und E23

Der Hie-jinja ist einer der wichtigsten Shinto-Schreine in Tokyo. In jedem zweiten Jahr findet hier Anfang bis Mitte Juni beim Schreinfest Sannō-Matsuri ein großer Umzug statt.

kleines Fenster mit halbdurchlässigem Vorhang im Museumsshop.

Ein Friedhof zum Feiern

Der **Aoyama-Friedhof** 6 ist der größte Friedhof Tokyos und die letzte Ruhestätte für viele berühmte Persönlichkeiten – nicht nur aus Japan. Selbst deutsche Professoren, die in der Meiji-Zeit (1868–1912) in Japan lehrten, liegen hier begraben. Die vielen Kirschbäume schaffen im Frühjahr zur Blütezeit eine einmalige Atmosphäre, was Japaner gerne auch zum Feiern nutzen. Für sie ist so ein Friedhof wie ein öffentlicher Park. Wenn also im Frühjahr die Kirschbäume in voller Blütenpracht stehen, warum sollte man dann nicht auf dem Friedhof eine Party feiern?

UM DIE ECKE

Es lohnt sich eigentlich nicht, eine Station von Nogizaka bis Akasaka mit der Chiyoda-Linie zu fahren. Laufen Sie diese rund 1 km lange ruhige Querverbindung zum Hie-Schrein besser, denn entlang der Straße gibt es viele kleine Restaurants, die für jeden Geschmack ein schnelles und günstiges Mittagessen zwischen 500 und 1000 ¥ anbieten, auch sind die Ketten Nakau und Tsurumaru mit Filialen vertreten.

Klein im Vergleich wirkt das riesige Tori zwischen den Hochhäusern, das den Eingang zum Bezirk des **Hie-Schreins** (🕮 H 5) markiert. Der Schrein liegt auf einem Hügel und die von kleinen roten Torii gesäumte Abstiegstreppe ist ein häufiges Fotomotiv. Der Schrein ist bei Japanern ein beliebter Ort, um sein neues Auto weihen zu lassen, und beim ersten Schreinbesuch am Jahresanfang (Hatsumode) zu Neujahr wird jedem ein Schluck Sake ausgeschenkt.

Berühmte Kreuzung und geheime Ecken – **Shibuya**

10

Shibuya ist bei Jugendlichen zum Shoppen und Ausgehen beliebt. Wenig erfreut sind japanische Eltern, wenn die Tochter zum ersten Mal mit ihrem Freund nach Shibuya fährt. Der Grund dafür ist der Hügel Dōgenzaka, wo sich viele Love Hotels befinden und man sich nach dem Einkaufen gerne noch etwas ausruht, bevor es wieder nach Hause geht.

Die **Kreuzung** 1 vor dem Bahnhof Shibuya ist wohl die weltweit bekannteste Ansicht von Tokyo. Wenn alle Ampeln auf Grün springen und mehrere Hundert Fußgänger zu Stoßzeiten vor einer riesigen Kulisse mit Video-Werbetafeln kreuz und quer über die Straße laufen, vermittelt

In Shibuya treffen sich die Jugendlichen – und sind meist gut gelaunt unterwegs.

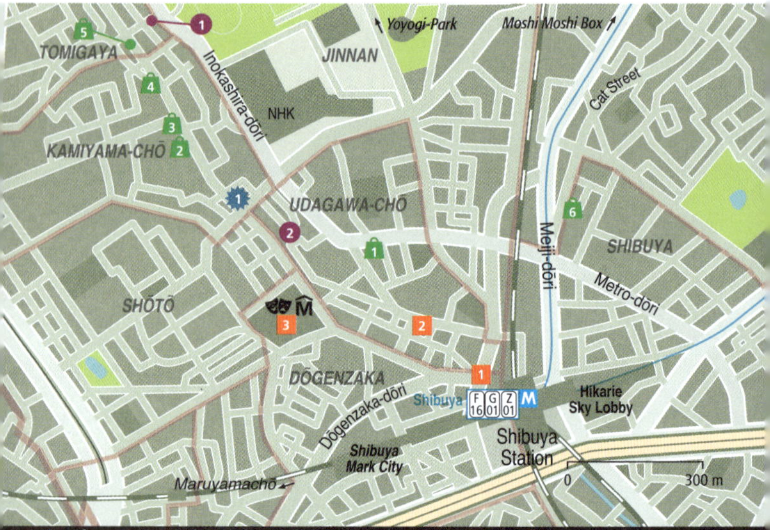

Cityplan: A–C 6–8 | **S-Bahn** Shibuya, **U-Bahn** G01, Z01 und F16

INFOS/ÖFFNUNGSZEITEN

Bunkamura 3: 2-24-1 Dōgenzaka, Shibuya-ku, www.bunkamura.co.jp

KULINARISCHES FÜR ZWISCHENDURCH

Fuglen Tokyo 1: 1-16-11 Tomigaya, Shibuya-ku, www.fuglen.com, Mo/Di 8–19, Mi/Do 8–0/1, Fr 8–2, Sa 10–2, So 10–0 Uhr (Nightlife ab 19 Uhr).
20 verschiedene Biersorten hat **Mikkeller Tokyo** 2 vom Fass, hauptsächlich Eigenmarken aus Dänemark, aber auch drei aus Japan. Das Interieur ist in modernem japanischem Stil, Tisch und Stühle sind dänisches Design (37-10 Udagawacho, Shibuya-ku, www.mikkeller.jp, Mo–Do 15–0, Fr 15–2, Sa 12–2, So 12–0 Uhr).

FUNDSTÜCKE

Tokyū Hands 1: 12-18 Udagawachō, Shibuya-ku, http://shibuya.tokyu-hands.co.jp
Shibuya Publishing & Booksellers 2: 17-3 Kamiyamachō, Shibuya-ku, www.shibuyabooks.co.jp, Mo–Sa 12–0, So 12–22 Uhr
Papabubble 3: 17-2 Kamiyamachō, Shibuya-ku, www.papabubble.jp, Mo–Sa 12–20, So 12–19 Uhr
Archivando 4: 41-5 Kamiyamachō, Shibuya-ku, www.archivando.jp, Mo/Di, Do/Fr 13–22, Sa/So 12–21 Uhr
The Monocle Shop 5: 1-10-2 Tomigaya, Shibuya-ku, www.monocle.com/shop, Mo–So 11–20 Uhr
Pink Dragon 6 markiert das Ende der Cat-Street in Richtung Shibuya. Das Modelabel verkauft nur hier seit 40 Jahren und die knallig bunte Kleidung mit Comic Art wird von japanischen Künstlern entworfen. Sie können das Gebäude mit rosa Säulen am Eingang nicht verfehlen. Besuchen Sie auch die Ausstellung über eine Expedition zur Erforschung des Drachenmenschen »Homo Dragonus« (www.pinkdragon.co.jp).
Moshi Moshi Box: 3-23-5 Jingumae, Shibuya-ku, www.moshimoshi-nippon.jp, tgl. 10–18 Uhr

KINO

Uplink 1: 37-18 Udagawachō, Shibuya-ku, www.uplink.co.jp

es den Eindruck einer nie ruhenden Stadt. Wenn Sie am Abend an der Kreuzung stehen und zum Übergang zur **Shibuya Mark City,** dem Einkaufskomplex über dem Bahnhof der Keiō-Inokashira-Linie, schauen, erkennen Sie darin vielleicht das monumentale Kunstwerk »Myth of tomorrow« von Tarō Okamoto. Auf dem gigantischen, 30 m langen Gemälde stellt Okamoto die Bombardierungen von Hiroshima und Nagasaki in intensiven Farben dar. Nach der Atomkatastrophe 2011 hatte eine Künstlerinitative die Reaktoren von Fukushima an einer Ecke des Gemäldes angefügt, was aber wieder entfernt wurde.

Im **Center-Gai Viertel** 2 reihen sich Kleidungsläden, Karaokeboxen, Kneipen, Bars, Handyläden dicht aneinander und junge Japaner und Japanerinnen drängen auf der Suche nach Unterhaltung durch die engen Straßen.

Ins **Bunkamura** 3 kommt man hauptsächlich für Konzerte in der Orchard Hall oder Theaterstücke im Theater Cocoon. Im obersten Stockwerk gibt es ein Kino, das vor allem französische und europäische Filme zeigt. Auf einen Kaffee trifft man sich im Les Deux Magots Paris, im Keller gibt es eine Kunstbuchhandlung und ein Museum.

Himmel für Heimwerker

Der auf acht Stockwerke verschachtelte Laden von **Tokyu Hands** 1 bietet in seinem Hauptgeschäft eine schier unglaubliche Bandbreite an Künstler-, Heimwerker-, Büro- und Reisebedarf, das man sich unbedingt mal anschauen sollte.

Im Kino **Uplink** 2 werden seit 1987 auf drei Leinwänden Independent-Filme aus aller Welt gezeigt, daneben gibt es noch ein Café, eine Galerie und einen Laden.

Der Rücken von Shibuya

Nicht ganz so viel Trubel wie beim Bahnhof Shibuya herrscht im Viertel **Kamiyamachō**. Die wenigsten Straßen haben Namen und benannte Straßen nur selten Schilder. Doch man kann die Straße durch das Viertel Kamiyamachō durch die gelben Fahnen an den Laternenmasten gar nicht verfehlen.

Nach einiger Zeit kommt vor dem Family Mart rechts auf der linken Seite der Buchladen **Shibuya Publishing & Booksellers** 2. Neben selbst

B
BUMMELN

Etwas abseits von den Massen reihen sich im Viertel **Maruyamachō** kleine Kneipen und Restaurants aneinander. Wenn Sie am Abend keine Reservierung für ein Restaurant haben, bummeln Sie einfach durch diese Straße und suchen Sie sich auf gut Glück etwas aus. In den Seitenstraßen befinden sich die berühmt-berüchtigten Love-Hotels, für die das Viertel der Dōgenzaka bekannt ist.

verlegten Büchern findet man in in einer Ecke des Ladens auch zweisprachige Reiseliteratur (englisch/japanisch). Etwas weiter bei **Papabubble** 3 gibt es Marshmellows mit Schokolade überzogen und hausgemachte Bonbons.

Vor dem Frisörladen verläuft ein langer Zebrastreifen und eine Straße führt schräg nach links oben, an der Ecke dort befindet sich der Laden **Archivando** 4. Der Laden hat eine schöne Kombination von Designprodukten aus Japan und dem Ausland. Kurz nach dem Seven-Eleven-Laden kommt **The Monocle Shop** 5, die Tokyoter Zweigstelle des bekannten Magazins »Monocle« aus England.

Ein skandinavischer Vogel, der in Tokyo gelandet ist

Gehen Sie weiter bis zur nächsten Straßenkreuzung und dann rechts einen Häuserblock weiter, stoßen Sie an der Ecke direkt auf das berühmte **Fuglen Tokyo** 1, wo es immer voll ist und man sogar im Winter draußen sitzt. Ursprünglich aus Oslo, ist das im skandinavischen Stil eingerichtete Lokal mit Café/Bar ein beliebter Treffpunkt von Künstlern und Musikern auf einen Kaffee, ein Glas Bier oder zum Cocktail.

Ü ÜBRIGENS

Für den **Rückweg von Kamiyamachō** gibt es eine schöne Strecke. Sie folgt dem Lauf eines kleinen Flusses, den man vor vielen Jahren zubetoniert hat, und schlängelt sich, für Autos und Fahrräder gesperrt, vorbei an kleinen Wohnhäusern, vereinzelt auch Geschäften oder Kneipen und natürlich Getränkeautomaten, die an keiner Straßenecke fehlen dürfen.

UM DIE ECKE

Wenn Sie von Shibuya nach **Harajuku** oder zur **Omotesandō** laufen, um einen ausgiebigen Schaufensterbummel für hippe Kleidung zu machen, dann müssen Sie sich zwischen der **Meiji-Dōri** für die großen international bekannten Marken und Sportbekleidung oder die **Cat-Street** für eher japanische Modelabels entscheiden. Ein guter Anlaufpunkt in Harajuku ist die **Moshi Moshi Box** (C/D 6) mit ihrem Counter für Touristeninformation, jede Menge Karten zu Shibuya und kostenlosen Zeitschriften. Im kleinen Souvenirladen finden Sie nette Dinge mit Fujimotiven, Sushisocken und mehr. Daneben die knallbunte Karaokebox. Wer bisher eine Hemmschwelle hatte, eine Karaokebox zu mieten, kann es hier einfach mal ohne Risiko kostenlos probieren. Nehmen Sie auf einem der plüschigen Monstersofas Platz und suchen Sie sich einen Song aus – es gibt natürlich auch englische Lieder.

Alte und neue Architektur – **Daikanyama**

#11

Alte Bäume und Wohnhäuser dominieren die Seitenstraßen im Botschafts- und Trendviertel. Daikanyama ist eine der teuersten Wohngegenden. An der breiten Kyu-Yamate-dōri überwiegen moderne Bauwerke mit angesagten Modeläden, Kunstgalerien sowie eleganten Cafés und Restaurants.

Das **Kyu Asakura House** 1 wurde 1919 als Residenz der Familie Asakura erbaut und ist als eines der wenigen heute noch erhaltenen Häuser aus der Taishō-Zeit (1912–26) ein wichtiges Kulturdenkmal. Neben dem traditionellen Haus mit seinen vielen Tatami-Räumen und Reispapiertüren und -fenstern beeindruckt der japanische Garten, der sich an den Hang schmiegt. Setzen Sie sich eine Weile auf die Holzveranda (Engawa) und genießen Sie die Stille, die nur gelegentlich durch

Der Garten des Kyu Asakura House ist so traditionell wie das dazugehörige Wohnhaus.

Buchgestaltung auf Japanisch: Die bei Tsutaya erhältlichen antiquarischen Bücher in zeitlos schönen dekorativen Einbänden sind ein Blickfang für jede Bücherwand.

die Züge und Lautsprecherdurchsagen des im Tal liegenden Bahnhofs Nakameguro unterbrochen wird. Westlich vom Wohnhaus befindet sich ein altes Lagerhaus aus Stein (*kura*), das wertvolle Gegenstände bei Feuer schützen sollte.

Stilbildende Architektur

Gleich daneben befindet sich das erste Gebäude der **Hillside Terrace 2**, das Gebäude A. Seit 1969 entstanden hier über den Zeitraum von drei Jahrzehnten zahlreiche Gebäude (A–H) entlang der Kyū-Yamate Dōri, die von dem Architekten Maki Fumihiko entworfen wurden. Checken Sie an der Schautafel beim Gebäude A die aktuellen Veranstaltungshinweise der laufenden Ausstellungen und besuchen Sie dort auch die Art Front Gallery. In der Hillside Terrace gibt es neben Kunstgalerien auch französische Restaurants und z. B. Läden für Babybekleidung. Vom Parkplatz in der Mitte der Anlage sehen Sie auf das dahinterliegende Kyu Asakura House. Auch im Sommer können Sie im Laden der Christmas Company Weihnachtsschmuck aus Deutschland erwerben.

In kleinen Gassen unterwegs

Betreten Sie den begrünten Innenhof des **Tenoha Daikanyama 3**. Gleich links am Eingang befindet sich ein Laden mit hübschen Designprodukten, auf der rechten Seite ein Café, hinten in der Ecke links ein italienisches Restaurant mit hervorragender Pizza. Gegenüber führt eine

S
SUSHI

Der größte Shopping-Komplex in Daikanyama heißt **Daikanyama Address 4**, hat aber leider nicht so eine schöne Atmosphäre wie die kleinen Seitenstraßen oder auch die Hillside Terrace. Ich komme aber immer wieder gerne hierher, weil es hier auch günstiges Sushi gibt.

kleine Straße den Berg hinunter, gleich an der Ecke liegt der Sockenladen **Kutsushitaya** 1, der auch Tabi-Socken anbietet, das sind die bekannten japanischen Socken mit einer extra Aussparung für den großen Zeh. Bei **bonjour records** 2 gibt es neben CDs auch Kleidung, Bücher und Kaffee. In unzähligen kleinen Seitenstraßen eröffnen immer wieder neue Shops mit den Kreationen kleiner Modelabels oder auch Kunst – manche schließen auch schnell wieder. Im Garten des Ladens Journey befindet sich hinten das **Café Urara** 1. An alten Holztischchen und auf Blechstühlen sitzt man hier sowohl im Sommer als auch im Winter gemütlich bei einer Tasse Kaffee, im Sommer natürlich Kakigōri

INFOS/ÖFFNUNGSZEITEN

Kyu Asakura House 1: 29-20 Sarugakuchō, Shibuya-ku, www.city.shibuya.tokyo.jp/eng/est/asakura.html, Di–So 10–18 (Nov.–Febr. bis 16.30 Uhr), Eintritt 100 ¥
Hillside Terrace 2: www.hillsideterrace.com
Art Front Gallery: http://artfrontgallery.com, Di–So 11–19 Uhr
Tenoha Daikanyama 3: 20-23 Daikanyamacho, Shibuya-ku, http://tenoha.jp
Daikanyama Address 4: 17-6 Daikanyamacho, Shibuya-ku, www.17dixsept.jp

KULINARISCHES FÜR ZWISCHENDURCH

Café Urara 1: 20-10 Sarugakuchō, Shibuya-ku, www.hrm.co.jp/journey
Aijin Lounge 2: 17-5 Sarugakuchō, Shibuya-ku, www.tsite.jp/daikanyama, tgl. 9–2 Uhr
Das Café **Bombay Bazaar** 3 befindet sich im Keller eines Lagerhauses *(kura)* und bietet Kaffee aus biologischem Anbau und hausgemachte Obanyaki mit Blaubeeren. Beliebt sind auch die Currygerichte. http://bombaybazar.jp, Mo–Do 11.30–19.30, Fr–So 11.30–21 Uhr.

FUNDSTÜCKE

Kutsushitaya 1: 24-2 Sarugakuchō, Shibuya-ku
bonjour records 2: 24-1 Sarugakuchō, Shibuya-ku, www.bonjour.co.jp
Daikanyama T-Site 3: 17-5 Sarugakuchō, Shibuya-ku, www.tsite.jp/daikanyama, tgl. 7–2 Uhr
Im gleichen alten Lagerhaus wie das Café Bombay Bazaar befindet sich der Laden **Okura** 4 mit herrlichen mit japanischen Indigofarben gefärbten Textilien, hauptsächlich Kleidung, aber auch Taschen und weitere Produkte. www.hrm.co.jp/okura.

Cityplan: Karte 3, A 1/2 | **S-Bahn** Ebisu (10 Min. Fußweg) oder Tokyu-Toyoko-Linie Daikanyama

Kirschblüte im Szene-viertel: am Meguro-Fluss

(geschabtes Wassereis) und im Winter heißer Amazake (süßer Reiswein) oder Oden, eine Art Eintopf. Sehen Sie im Winter über die nicht ganz ökologische Heizmethode mit Gasbrenngebläsen hinweg.

Mega-Buchladen

Daikanyama T-Site 3 wurde entworfen, um Kunden möglichst lange im Laden zu halten. Tsutaya, eigentlich bekannt als DVD-Verleih, hat hier einen ganz besonderen Buchladen – man muss schon fast sagen Medienladen – geschaffen. In der T-Site mit den hochwertigen Holzfußböden und der schicken Innenausstattung findet man Bücher, Musik, DVDs und vieles mehr. Alles ist sehr praktisch angelegt. Gleich neben der Reisebuchabteilung ist ein Reisebüro und auch eine große Starbucks-Filiale. Drei Gebäude sind durch Übergänge verbunden, sodass man die T-Site gar nicht verlassen muss. In der **Aijin-Lounge** 2 kann man gut speisen und trinken. Entworfen wurde der Komplex von den Architekten Astrid Klein und Mark Dytham.

Ü ÜBRIGENS

Obwohl man zunächst gegen ein so großes Geschäft wie Tsutaya in der eigentlich eher kleingliedrigen Nachbarschaft war, ist man inzwischen sogar froh darüber, denn seit sich die **Daikanyama T-Site** hier befindet, sind die Grundstückspreise um ca. 30 % gestiegen!

UM DIE ECKE

Nakameguro: Einfach an der großen Kreuzung die Komazawa Dōri den Berg hinunter und dann gleich rechts in die schmalere Straße abbiegen. Dort kommen Sie an einem kleinen Antiquariat vorbei und gehen entlang der Bahngleise der Tokyu-Toyoko-Linie den Berg hinunter, bis Sie auf den **Meguro-Fluss** 5 stoßen. Besonders im Frühling eine herrliche Stimmung mit den Kirschbäumen rechts und links am Fluss und den vielen Kneipen. Aber auch zu anderen Jahreszeiten laden diverse Kneipen vor allem abends entlang der Straße den Berg hinunter oder unten am Fluss zum Verweilen ein.

Bonsais und Teezeremonie – **Shirokanedai**

12

Wie Daikanyama ist auch Shirokanedai eine teure Wohngegend, doch gibt es hier noch einige alteingesessene Geschäfte in alten Häusern, die glücklicherweise noch nicht abgerissen wurden, um Apartmenthäusern Platz zu machen.

An der grünen Fassade, dem Blumenladen Biotop Nurseries und den Bäumen, die vom Balkon des Cafés **Irving Place** ❶ herunterwachsen, erkennt man den Laden **Biotop** an der Ecke. Für alle Gerichte des Irving Place werden Bioprodukte verwendet und man sitzt schön hell hinten beim Barcounter mit der großen Fensterfläche, vor dem sich das Baumhaus des Künstlers Kobayashi befindet.

Der Tofumacher

Gehen Sie am Laden Biotop über den Zebrastreifen und dann am nächsten Zebrastreifen rechts

Hier sitzt jeder Handgriff: die Teemeisterin im Muan des Gartens Happo-en bei der Teezeremonie.

INFOS/ÖFFNUNGSZEITEN

Happō-en 1: 1-1-1 Shirokanedai, Minato-ku, www.happo-en.com
Teien Art Museum 2: 5-21-9 Shirokanedai, Minato-ku, www.teien-art-museum.ne.jp, tgl. 10–18 Uhr, jeden 2. und 4. Mi im Monat geschlossen, Eintritt für Ausstellung variiert, nur Garten 100 ¥.
Institute for Nature Study 3: 5-21-5 Shirokanedai, Minato-ku, www.kahaku.go.jp, Di–So 9–16 Uhr (Einlass), 310 ¥

KULINARISCHES FÜR ZWISCHENDURCH

Irving Place 1: 4-6-44 Shirokanedai, Minato-ku, T 03-5449-7720, www.biotop.jp, tgl. 11–23 Uhr
Lust auf Pasta oder Pizza? Im Restaurant Cafe **La Boheme** 2 gibt es für umgerechnet rund 10 € ein komplettes Mittagsmenü, das auch satt macht. In dem italienisch anmutenden Haus verbreitet ein Brunnen Piazza-Atmosphäre. 4-19-17 Shirokanedai, Minato-ku (www.global-dining.com, tgl. 11.30–3.30 Uhr).

FUNDSTÜCKE

Okubo Dango 1: 6-4-4 Shirokane, Minato-ku, Mo–Sa 9–18 Uhr
Kawagoe-ya Tofu 2: 6-4-4 Shirokane, Minato-ku, Mo–Mi, Fr/Sa 4–13 und 14–18.30 Uhr
Zwischen dem alten Soba-Restaurant Toshian und der Tankstelle Eneos die kleine Seitenstraße hinunter, liegt an der nächsten Kreuzung **Livrer** 3, der neben Kunsthandwerk aus Nara auch hochwertigen Tee der Farm Inokura bei Kyoto anbietet. 5-17-10 Shirokanedai, Minato-ku (www.tokinomori-nara.jp, Di–So 11–18 Uhr).

Cityplan: Karte 3, B/C 2 | **S-Bahn** Meguro, **U-Bahn** Shirokanedai I01, N02

die Straße den Berg hinauf und wieder hinunter. Linker Hand hohe Apartmenthäuser, während rechts kleine Einfamilienhäuser stehen. Der Straße, die sich langsam verschmälert, bis zum Ende folgen und unten rechts abbiegen. Im alten Süßwarenladen **Okubo Dango** 1 gibt es leckere japanische Süßigkeiten. Mein Favorit dort ist Daifuku (100 ¥), das ist ein großer weißer Mochi, der mit süßer Bohnenpaste gefüllt ist. Dango sind die Spieße mit vier Mochistücken und Sauce überstrichen, für die der Laden bekannt ist. Kaufen Sie doch einfach eine Leckerei am Fenster draußen oder machen Sie eine kurze Pause und nehmen drinnen Platz. Es gibt keine englische Karte, aber dafür bekommen Sie zur Süßigkeit, auf die Sie im Fenster deuten können, einen Tee. Sehr lecker im Winter ist der Yuzu-cha, eine japanische Version der heißen Zitrone mit der Zitrusfrucht Yuzu. Gleich daneben im Tofuladen **Kawagoe-ya** 2 wird ab 4 Uhr am Morgen Tofu ohne Konservierungsmittel noch von Hand hergestellt. Falls Sie dabei zusehen möchten, müssen Sie also sehr früh aufstehen. Aber auch tagsüber kann man eine Portion Tofu kaufen und entweder gleich vor Ort verzehren oder mit ins Hotel nehmen.

Teezeremonie

Um sich auf dem Weg zum Garten **Happō-en** 1 nicht zu verlaufen, geht man am besten bis zur Kreuzung mit der Fußgängerampel und dort die breite Straße den Berg hinauf (Sankou-Zaka). Sehr beeindruckend ist der japanisch angelegte Garten mit einer Ausstellung alter Bonsais – einer ist sogar 500 Jahre alt – und einem großen Teich, in dem sich viele Koi-Karpfen tummeln. Vor allem aber für das Teehaus ist der Garten bekannt. Orte für eine traditionelle Teezeremonie gibt es viele in Tokyo, doch es gibt wohl keinen besseren Platz als das historische Teehaus **Muan** im Happo-en. Hier sind täglich zwei ausgebildete Teemeisterinnen vor Ort und man kann der Zubereitung des Tees beiwohnen. Bei einigen günstigeren Angeboten in anderen Gärten wird der Tee in einem Nebenraum zubereitet und man erhält damit nicht den vollen Eindruck vom traditionellen Ablauf. Zwischen 11 und 17 Uhr kann man üblicherweise auch ohne Voranmeldung für 860 ¥ an einer Zeremonie teilnehmen.

UM DIE ECKE

1933 ließen sich Prinz Asaka und Prinzessin Nobuko, durch ihren Parisaufenthalt vom Art-Déco-Stil beeindruckt, von dem Architekten Henri Rapin eine prunkvolle Villa in den schön gelegenen Park bauen. Weil das kaiserliche Hofamt die Planung und Innenausstattung durchführte, ist das Gebäude bemerkenswert für seine Kombination der Stilelemente des Art déco mit der traditionellen japanischen Architektur. Jetzt wird das Gebäude für Kunstausstellungen des **Teien Art Museum** 2 genutzt. Wenn gerade für eine Ausstellung umgebaut wird, kann man immerhin den japanisch angelegten Garten besuchen (100 ¥).

N NATUR

Der Garten des **Institute for Nature Study** 3 gehört zum National Museum of Nature and Science, das sich im Ueno Park befindet (► S. 78). Hier ist ein Stück unberührter Natur mitten in Tokyo erhalten geblieben. Die Besucherzahl wird durch die Ausgabe von Tokens begrenzt. Tickets gibt es am Automaten oder am Schalter.

Kunst statt Kaiser: Das Teien Art Museum avancierte vom kaiserlichen Art-déco-Palast zum Domizil für die Kunst.

13

Treffpunkt japanischer Gegenkultur – **Shimokitazawa**

Shimokitazawa ist das Zentrum der alternativen Bewegung, und mit seinen kleinen Gassen mit endlos vielen kleinen Geschäften, Kneipen und Cafés hat es eine ganz besondere Atmosphäre. Die Läden und Cafés sind unabhängig von großen Ketten und wehren sich aktiv gegen die auch hier um sich greifende Gentrifizierung.

Noch ist der **Bahnhof Shimokitazawa,** der vor einigen Jahren in den Untergrund verlegt wurde, eine riesige Baustelle und ein wahres Labyrinth. Um sich hier nicht zu verlaufen, muss man unbedingt den richtigen Ausgang wählen (► S. 67). Neben dem Bau einiger Gebäude direkt am Bahnhof gibt es aber auch Pläne, auf den früheren Gleisflächen

Auch am Abend zum Ausgehen ist Shimokitazawa bei Jugendlichen beliebt.

INFOS/ÖFFNUNGSZEITEN

Theater for Shortfilms Tollywood 1: http://homepage1.nifty.com/tollywood. Filme in normaler Länge 1700 ¥

Gotokuji: 2-24-7 Gotokuji, Setagaya-ku, Tempelgelände tgl. 6–18 Uhr

KULINARISCHES FÜR ZWISCHENDURCH

Hiroki 1: 2-14-14 Kitazawa, Setagaya, tgl. 12–22 Uhr

Stay Happy Café 2: http://cafestayhappy.com

Etwas versteckt in einer ruhigen Seitenstraße liegt das **mois café** 3 in einem alten zweistöckigen Wohnhaus. Sehr schön ist es oben mit dem freiliegenden Dachstuhl. Die Karte ist nur auf Japanisch, aber auf der Tafel stehen Gerichte auch auf Englisch. Wählen Sie z. B. das Sweet-Set mit Kaffee und Cheesecake (2-21-26 Kitazawa, Setagaya, ab 14 Uhr).

FUNDSTÜCKE

Playmoland & Schleichland 1: www.schleichland.com, www.playmoland.com

Disc Union 2: www.diskunion.co.jp

Antiquaille 3: http://antiquaille.jp

Time Machine 4: www.time-machine.org

Darwin Room 5: http://darwinroom.com

Moldive 6 röstet in seinem Laden seit 1984 selbst die Kaffeebohnen und bietet auch Sorten aus Fair Trade und biologischem Anbau an (www.maldive.co.jp).

AUSGEHEN

A Sign Bar 1: 2-7-7 Kitazawa, Setagawa-ku, tgl. 19–4, 19–21 Uhr

Cityplan: Karte 4, C/D 2 | **S-Bahn** (privat) Odakyu-Linie von Shinjuku oder Keiō-Inokashira-Linie von Shibuya

einen Park anzulegen. Wo früher die Bahn fuhr, findet man in einigen Jahren dann hoffentlich eine hübsch begrünte Schneise durch Shimokitazawa.

Filme – über kurz oder lang

Theater for Shortfilms Tollywood 1 steht auf dem Schild am Gebäude in einer Seitenstraße, wo man über eine Treppe ins erste Obergeschoss läuft. Es werden auch japanische Filme mit englischen Untertiteln in normaler Länge gezeigt. Es gibt auch Vorstellungen am Nachmittag, die letzte Vorstellung üblicherweise um 20 Uhr.

Spielzeug und Antiquarisches

Sollten Sie Kinder dabeihaben, vermeiden Sie es, im **Playmoland & Schleichland** 1 vorbeizuschauen. Der Laden hat eine riesige Auswahl an Playmobil und Plastiktieren der Firma Schleich, wie man sie selbst in Deutschland selten findet. Im großen Laden von **Disc Union** 2 gibt es hauptsächlich gebrauchte Musik auf Schallplatten und CDs. Altes Geschirr und allerlei kleinen Krimskrams findet man bei **Antiquaille** 3. Im Laden **Time Machine** 4 der Familie Tonoshima gibt es schöne alte Kameras, Röhren und andere alte elektrische Geräte, die Herr Tonoshima auch noch selbst reparieren kann.

Japanische Pfannkuchen

Beliebt ist es, bei **Hiroki** 1 Okonomiyaki zu essen. Dort muss man manchmal auf einer Bank warten, bis ein Platz frei wird. Das kleine Restaurant ist links im Gebäude Honey, der Eingang ist direkt am Laternenpfahl, der mit Adresse 2-14 markiert ist. Bevor Sie Okonomiyaki selbst zubereiten, schauen Sie im Hiroki dem Koch genau zu, wie man es fachgerecht zubereitet. Mit einem Spezialbesteck, das aussieht wie ein kleiner Spaten, zerteilen Sie das Okonomiyaki und essen es mit Stäbchen.

Kaffee trinken in musealer Atmosphäre

Der Laden **Darwin Room** 5 wirkt wie ein kleines naturkundliches Museum, mit Büchern, Mineralien, Muscheln und Insekten sowie ausgestopften Vögeln im Schaukasten, die man natürlich auch kaufen kann. Sehr schön lässt es sich in dieser Atmosphäre bei Bioapfel- oder Traubensaft und selbstgemachtem Bananenkuchen an kleinen Tischchen mit nur acht lederbezogenen alten Stühlen Platz nehmen und aus dem Fenster schauen.

Ü
ÜBRIGENS

Hausgemachte Kuchen, vegane Gerichte und Bio-Kaffee genießt man im **Stay Happy Café** 2. Man sitzt bequem auf kleinen Sitzen und Tischchen auf Tatami, während man in den vielen Büchern wälzt. Es gibt aber auch noch drei Tische am Fenster, wo man seine Schuhe nicht ausziehen muss. Zweimal im Monat kommt sonntags um 11.30 Uhr ein Yogalehrer und bietet für 2000 ¥ 90 Minuten lang Yoga an, bevor das Café um 13 Uhr öffnet. Außerdem verkauft das Café Treibholz, das der Eigentümer selbst sammelt.

UM DIE ECKE

Acht Minuten Fußweg vom Bahnhof Gotokuji (Odakyu-Linie von Shimokitazawa) liegt der Tempel **Gotokuji.** Die Geschichte der bekannten Winkekatze Maneki-neko geht auf einen armen Mönch dieses Tempels zurück, der selbst nicht genug zu essen hatte und sich trotzdem um eine streunende Katze kümmerte. Laut Überlieferung rettete die Katze mit ihrer Handgeste einen Adligen davor, vom Blitz getroffen zu werden. Fortan ging es mit dem Tempel aufwärts, und bis heute kaufen die Tempelbesucher die kleinen Katzenfiguren aus Gips und hinterlassen diese zum Dank für erfüllte Wünsche auf dem Gelände.

Riesenbuddha, Schreine, Bambushaine – **Kamakura**

#14

Unzählige berühmte Tempel und Schreine sind in Kamakura an der Sagami-Bucht – vor 700 Jahren einmal Japans Hauptstadt. Ein großer Bronze-Buddha meditiert in der Sonne, während reitende Bogenschützen ihre Kunst leider nur beim Schreinfest am Hachimangu zeigen. Ruhe finden Sie bei einem Tee im schattigen Bambushain des Tempels Hōkoku-ji.

Vom Bahnhofsvorplatz Kamakura kommt man durch ein rotes Torii in die Straße **Komachi-Dōri**, wo sich Andenkengeschäfte, Konfekthändler, Kleiderläden, Restaurants und Cafés eng aneinanderreihen. Gleich rechts hinter dem Torii findet man den Laden **Donguri Kyowakoku** 1 mit

Bedächtig meditiert der Große Buddha in Kamakura – seit über 750 Jahren.

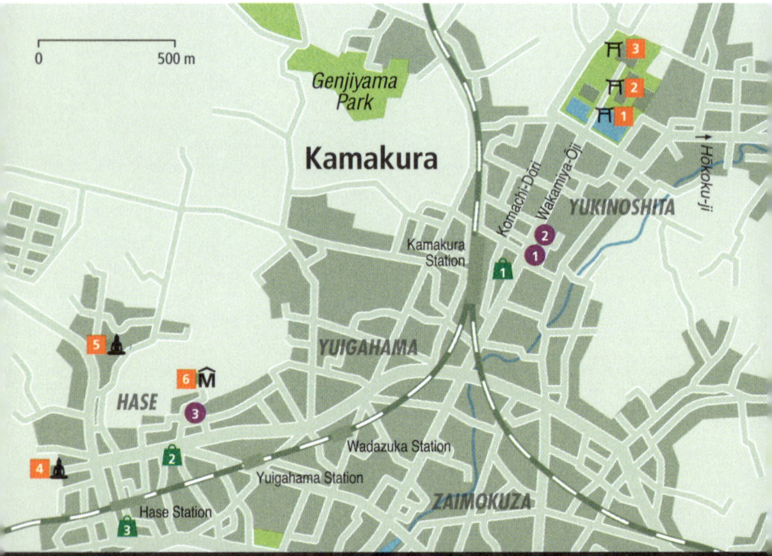

Cityplan: Karte 4, C 4 | **Bahn** JR-Yokosuka-Linie Tokyo nach Kamakura (57 Min.) Enoden-Linie zwischen Kamakura und Hase (5 Min.)

INFOS/ÖFFNUNGSZEITEN

Tsurugaoka Hachimangū 1 – 3: www.hachimangu.or.jp, tgl. 6–20.30 Uhr, Eintritt frei, Schreinmuseum 9–16 Uhr, Eintritt 200 ¥
Hase-dera 4: www.hasedera.jp, tgl. 8–17 Uhr (Okt.–Febr. bis 16.30 Uhr), Eintritt 300 ¥
Kōtoku-in 5: www.kotoku-in.jp, tgl. 7–18 Uhr (Okt.–März bis 17.30 Uhr), Eintritt 200 ¥. Buddha innen tgl. 8–16.30 Uhr, Eintritt 20 ¥
Hōkoku-ji.: www.houkokuji.or.jp, tgl. 9–16 Uhr, Eintritt 200 ¥
Kamakura Museum of Literature 6: www.kamakurabungaku.com, Di–So 9–17 Uhr (Okt.–Febr. bis 16.30 Uhr), Eintritt 300 ¥

KULINARISCHES FÜR ZWISCHENDURCH

Okiishi 1: www.hato.co.jp/okiishi, Di–So 10.30–18.30 Uhr
Romi-Unie 1: 2-15-11 Komachi, Kamakura, www.romi-unie.jp/confiture, tgl. 10–18 Uhr
Namihei 3: www.taiyaki-namihei.com, tgl. 10–18.30 Uhr

FUNDSTÜCKE

Donguri Kyōwakoku 1: www.donguri-sora.com
Kamakura Seigado 2: http://kamakuraseigado.com, Do–Di 9–18 Uhr
Direkt südlich vom Bahnhof Hase in Richtung Meer gibt es den kleinen Antikladen **Chisai no Koto** 3 mit neuwertigem ca. 30 Jahre altem Geschirr und Münzen aus der Edo-Zeit (1603–1868).

FAHRRADVERLEIH

Kamakura Rent-A-Cycle: im Bahnhof Kamakura am südlichen Ende (Busbahnhof). Fahrräder stundenweise oder auch für einen ganzen Tag.

Merchandise-Produkten der Zeichentrickserien des Studio Ghibli: natürlich Totoro in allen Varianten, die schwarze Katze aus »Kikis kleiner Lieferservice« und andere Stofftiere, darüber hinaus Babykleidung, Tücher und Bücher, alles ideale Mitbringsel für Ghibli-Fans. Falls Sie dem Trubel der engen Komachi-Dōri entgehen möchten, nehmen Sie besser die breite Straße Wakamiya-Ōji.

Der Weg zum Schrein

Die Straße **Wakamiya-Ōji** führt vom Meer direkt zum wichtigsten Shinto-Schrein in Kamakura, dem Tsurugaoka Hachimangū, der im 11. Jh. zu Ehren des Kaisers Ōjin (270–310) gegründet wurde. Die letzten 500 m befindet sich in der Mitte ein von Bäumen gesäumter Weg. Am Eingang dieses Fußwegs wird ein großes Torii von zwei steinernen Löwen bewacht. Gleich gegenüber auf der anderen Straßenseite liegt das 2015 eröffnete **Café Okiishi** ❶ von Toshimaya (bekannt für Bisquitkekse mit einer Taube – das Hauptgeschäft befindet sich am Bahnhofsvorplatz). Mit etwas Glück ist am Fenster noch ein Platz frei und Sie blicken hinunter auf das Treiben an der Wakamiya-Ōji-Dōri. Wer nur kurz ein Crêpe essen möchte, läuft etwas weiter Richtung Hachimangū, bei **Romi-Unie** ❷ am Straßencounter gibt es ganz tolle Crêpes ab 400 ¥.

»Mein Nachbar Totoro« kann nur von Kindern gesehen werden, spricht nicht und versteht doch alles. Der Anime-Film von 1988 ist nicht nur in Japan sehr populär.

Am Schrein Tsurugaoka Hachimangū

Am oberen Ende der Wakamiya-Ōji beginnt hinter einem weiteren großen roten Torii das weitläufige Areal des Tsurugaoka Hachimangū. Zunächst kommt man an einem Teich mit vielen Seerosen vorbei, auf der Insel auf der rechten Seite befindet sich der kleine Schrein **Hata-age Benzaiten** 1. Nach circa 200 m erreichen Sie einen offenen Pavillon, **Maiden** 2, wo gelegentlich Musik und zeremonielle Tänze aufgeführt sowie traditionelle japanische Hochzeiten durchgeführt werden.

Oberhalb der großen Steintreppe befindet sich das **Hauptgebäude** 3 des **Tsurugaoka Hachimangū**, das auch das Schreinmuseum beherbergt. Werfen Sie eine Geldmünze in den Opferkasten und sprechen Sie leise ein Gebet oder einen Wunsch. Ein großes Reiterfest mit talen-

Gebet am Räucherbecken des Hase-dera

tierten Bogenschützen findet immer jeden dritten Sonntag im April und am 16. September statt.

Ein Tempel am Hang: Hase-dera

Wieder zurück am Bahnhof Kamakura, fährt die Schmalspurbahn Enoden in wenigen Minuten (drei Haltestellen) nach Hase. Der Tempel **Hase-dera** 4 liegt linker Hand am Hang, sodass Sie zunächst die von unzähligen Jizō-Figuren gesäumte Treppe erklimmen müssen. Jizō ist der Schutzgott der Kinder, besonders der früh verstorbenen und ungeborenen Kinder (▶ S. 43). Belohnt werden Sie oben mit einer herrlichen Aussicht über ganz Kamakura und das Meer.

Hase-Kannon, die elfköpfige Gottheit

Das Fotografieren innerhalb des Tempels ist verboten. Berühmt ist er für die **Hase-Kannon,** eine elfköpfige hölzerne Kannon-Statue, die aus dem Jahr 721 stammt. Erst über 600 Jahre später wurde eine Vergoldung aufgetragen. Die mehr als 9 m hohe Statue zählt zu den größten und schönsten in Japan. Der Bodhisattva Avalokiteshvara der buddhistischen Mythologie wird in Japan unter dem Namen Kannon viel verehrt und oft als weibliche Gottheit dargestellt; die elf Köpfe der Hase-Kannon symbolisieren die elf Stufen der Erleuchtung.

Besuch beim Großen Buddha

Folgen Sie der Straße immer weiter hinauf, dann kommen Sie zum Tempel **Kōtoku-in** 5, wo sich die berühmte Figur des Daibutsu (Großer Buddha) befindet. Die berühmte Bronzestatue ist über 750 Jahre alt, wiegt 121 Tonnen und ist 13,35 m hoch. Sie steht im Freien, nachdem die letzte Tempelhalle 1498 von einer Flutwelle zerstört wurde. Das Innere des Daibutsu ist übrigens hohl und wurde aus mehreren Elementen zusammengesetzt. Wer das nicht glaubt, sollte besser 20 ¥ investieren und durch die Tür hinten rechts gehen, um sich selbst zu überzeugen.

Taiyaki und ein Museum mit Meerblick

Yakisoba, Taiyaki und weitere Dinge gibt es bei **Namihei** 3. Taiyaki in vier verschiedenen Geschmacksrichtungen mit roten Bohnen, Sesamgeschmack, Matcha und Chestnut zwischen 170 und 210 ¥. Die Taiyaki werden immer frisch auf Bestellung hergestellt, sodass man mit einer kleinen Wartezeit rechnen muss.

Wenn Sie die Straße links vom Taiyaki-Geschäft Namihei den Berg hinaufgehen, kommen Sie direkt zum **Kamakura Museum of Literature** 6. Das Literaturmuseum ist in der früheren Villa eines Adligen mit großem Garten untergebracht. Die Ausstellungsstücke – im Wesentlichen Bücher und handschriftliche Notizen bekannter japanischer Schriftsteller – sind nur auf Japanisch bezeichnet, aber interessant ist auf jeden Fall die Besichtigung des Hauses mit dem großen Garten. Gehen Sie auf die Veranda oder in den Garten und genießen Sie den Blick bis hinunter zum Meer.

W WABISABI

Eine Patina wie bei den Teedosen von Kamakura Seigado wird von den Zen-Teemeistern hoch geschätzt und entspricht dem ästhetischen Konzept des *wabisabi* – das Unvollkommene gilt als schön und die Dinge werden durch Alterungsspuren und ein raues Äußeres nur schöner.

Teedosen mit wabisabi

Im Laden **Kamakura Seigado** 2 finden Sie sehr hochwertiges Kunsthandwerk aus Kupfer, das aus ganzen Kupferplatten gearbeitet wird. Besonders schön sind die reich verzierten Teedosen, die den Tee luftdicht verschließen. Das Besondere der Teedosen ist, dass sie mit der Zeit ihre Farbe verändern und so nach 20 Jahren noch schöner sind als im neuen Zustand.

UM DIE ECKE

Läuft man nordöstlich vom Hachimangū die Straße am Bach entlang, kommt man nach circa 1,5 km zum Zen-Tempel **Hōkoku-ji,** der wegen seines herrlichen Bambushains beliebt ist. Oben im Bambusgarten gibt es ein kleines **Teehaus,** wo man Matcha-Tee mit Wagashi kaufen und die Stille genießen kann.

\# 15

Landleben im Westen Tokyos – **Ōme am Tama-Fluss**

Am westlichen Ende der Präfektur Tokyo ticken die Uhren anders. Das alte Holzgebäude des Bahnhofs Mitake mit den Papierlaternen über dem Eingang erinnert eher an einen Tempel als ein Bahnhofsgebäude. Hierher, rund 14 km westlich des Stadtzentrums von Ōme, kommen Blumenfreunde, Freeclimber und Aussteiger, denen das Leben in Tokyo zu hektisch wurde.

Die naturverbundenen Japaner verehren den Berg Mitake-san schon seit Urzeiten als Gottheit und pilgern auf seinen 929 m hohen Gipfel, wo sich ein Shintō-Schrein und alte schilfgedeckte Pilgerklausen befinden. In früheren Zeiten musste man große körperliche Strapazen auf sich neh-

Der Tama ist ein wilder Gebirgsfluss.

men, um den steilen Berg zu erklimmen. Heute führt Sie eine Standseilbahn (Cable Car) in nur sechs Minuten den Berg hinauf. Was dann vom Pilgererlebnis bleibt, ist ein 30-minütiger Spaziergang durch einen schattigen Wald, um verbleibende 80 Höhenmeter zu überwinden.

In den feuchten Wäldern an den Hängen des Mitake-san blüht die zarte Anemonopsis.

Auf dem heiligen Berg

Bevor Sie mit dem Bus bis zur Talstation der Standseilbahn fahren, bleibt noch kurz Zeit für des **Mitake Information Center** direkt beim Bahnhof, um sich eine englische Karte zu besorgen. Mit dem Bus fahren Sie von der Haltestelle (50 m die Hauptstraße hinunter) bis **Cable Shita,** um von dort zur **Seilbahnstation Takimoto** der Mitake Tozan Railway zu laufen. An klaren Tagen sieht man von der Bergstation **Mitakesan** bis nach Tokyo. Neben wenigen Restaurants und Souvenirgeschäften an der Bergstation säumen Herbergen den Weg bergaufwärts, der dann weiter durch einen schattigen Wald bis zum Gipfel des heiligen Berges führt, wo der im Jahre 738 gegründete **Musashi-Mitake-Schrein** steht und bis heute Pilger aus ganz Japan anzieht.

Im tiefen Flusstal

Falls Sie heute nicht bergwandern wollen, überqueren Sie am **Bahnhof Mitake** die breite Betonbrücke. Unten fließt der Fluss Tama-gawa, einer der reinsten Flüsse in Japan. Ein riesiger Felsen im Flussbett ist ein beliebter Platz zum Bouldern, etwas weiter vorne kurz vor der alten Brücke befindet sich ein Parcours für Kajakfahrer. Wahrscheinlich sind Sie heute für beides nicht ausgerüstet und besuchen daher besser das **Gyokudo Art Museum** 1. Der Künstler Gyokudō lebte in Tokyo, aber das Tal von Mitake war sein beliebtester Rückzugsort, um die Natur zu studieren. Im Museum sind seine mit Tusche gemalten Rollbilder ausgestellt. Sehr schön sind die schneebedeckten Landschaften von Ōme und Umgebung und seine detaillierten Tier- und Pflanzendarstellungen. Bewundern Sie auch den Nachbau seines Ateliers im japanischen Stil und den Steingarten vor dem Museumsgebäude.

Ü ÜBRIGENS

Kawai Gyokudō (1873-1957) hieß eigentlich Kawai Yoshisaburō und studierte Malerei in Kyoto und Tokyo. Berühmtheit erlangte er durch seine farbigen und schwarzweißen Landschaftsdarstellungen mit Tieren und Menschen.

Nudelsuppe macht stark

In einem alten strohgedeckten Holzhäuschen ist das Soba-Restaurant **Tamagawa-ya** ①, benannt

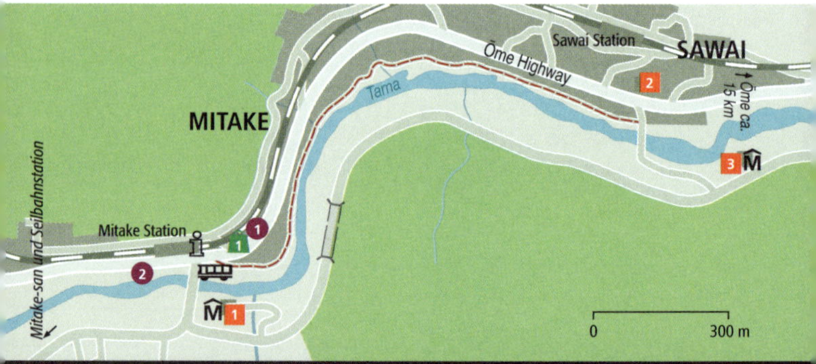

Cityplan: Karte 4, A 1 | **S-Bahn** Chūō-Linie von Shinjuku nach Ome, dort umsteigen in Ome-Linie bis Mitake

INFOS/ÖFFNUNGSZEITEN

Mitake Information Center: Di–So geöffnet
Musashi Mitake Schrein: www.musashimitakejinja.jp
Mitake Tozan Railway: www.mitaketozan.co.jp. Eine Fahrt mit der Standseilbahn kostet 590 ¥
Gyokudo Art Museum 1: www.gyokudo.jp, Di–So 10–16.30 (Dez.–Febr. bis 16 Uhr), 500 ¥
Brauerei Sawanoi 2: www.sawanoi-sake.com, kostenlose 30- bis 45 minütige Touren, Start um 11 und 14 Uhr
Sawanoi Museum of Traditional Japanese Hair Ornaments 3: http://kushikanzashi.jp, Di–So 10–17 Uhr

KULINARISCHES FÜR ZWISCHENDURCH

Tamagawa-ya 1: www.tamagawa-ya.com, Di–So 11–18 Uhr

Vom Bahnhof Mitake 100 m die Straße hoch befindet sich **Soba Gorou** 2, wo die Soba-Nudeln immer frisch hergestellt werden. Der Bio-Buchweizen kommt aus der Präfektur Gunma, wo er pestizidfrei angebaut wird (www.soba560.com, Mittagskarte 11–14.30 Uhr, Abendkarte 15 Uhr–Sonnenuntergang, Ruhetag meistens Di und Fr).

FUNDSTÜCKE

Der Laden **Maunga** 1 von Hiro Endo ist bisher der einzige Secondhand-Laden für Outdoor-Kleidung und Zubehör in Tokyo. Für das hier sehr beliebte Bouldering kann man sich Matten und Schuhe ausleihen. www.maunga.jp, tgl. 9–19 Uhr. Darüber befindet sich das **Hostel A-yard,** der Betreiber der Herberge (jap. Yado) ist auch Lehrer für Rafting, und auf dem Dach des Hostels kann man grillen (www.a-yard.net).

nach dem Fluss, der unten durchs Tal fließt. Nachdem Sie die Schuhe ausgezogen haben, nehmen Sie an kleinen Tischen auf dem Boden Platz und genießen die Aussicht sowie die vorzüglichen Buchweizennudeln (Soba). Dank einer englischen Speisekarte (ohne Preise) fällt die Auswahl leicht – eine Nudelsuppe kostet zwischen 760 und 1200 ¥. Die Suppe ist kräftig und auch die Soba bissfest, genau wie sie sein sollen.

Zusammen mit der dickflüssigen Soba-yu, die Ihnen in einer Kanne gebracht wird, mischen Sie selbst die heiße Suppe am Ende im Verhältnis 1:1 in der kleinen Schüssel. Wundern Sie sich nicht über die vielen roten Daruma-Köpfe mit den riesigen Augenbrauen: Seit der Eröffnung des Restaurants stellt der Besitzer jedes Jahr einen dieser beliebten Glücksbringer aus Pappmaché ins Regal.

Daruma-Figuren kauft man am Tempel und malt ein Auge aus, während man sich etwas wünscht. Erst wenn der Wunsch in Erfüllung gegangen ist, wird das zweite Auge gemalt und die Figur zur Verbrennung in den Tempel gebracht.

Fußmarsch zu Fischreihern und Freeclimbern

Zum nächsten Ort **Sawai** führt ein Pfad am Fluss entlang, verpassen Sie nicht den Einstieg hinter dem Supermarkt SevenEleven. Während des 20-minütigen Fußmarsches bewundert man Gärten mit Yuzobäumen, Rettich- und Kohlrabibeete und mit etwas Glück auch Fischreiher und Freeclimber.

Sakebrauerei mit Geschichte

Lassen Sie sich in Sawai nicht die Besichtigung der über 300 Jahre alten **Brauerei Sawanoi** 2 entgehen, bei der Sie den gefilterten, aber nicht pasteurisierten frischen Sake probieren können. Die Führung ist nur auf Japanisch, doch bekommen Sie ein englisches Informationsblatt. Mit etwas Glück erhalten Sie am Tag des Besuchs im Sake-Geschäft oder dem Selbstbedienungsrestaurant im Park unten am Fluss noch ein Ticket. Auf Nummer sicher gehen Sie mit einer rechtzeitigen Online-Reservierung.

UM DIE ECKE

Einen herrlichen Blick über das ganze Flusstal haben Sie von den beiden Panoramafenstern in der Lobby des **Sawanoi Museum of Traditional Japanese Hair Ornaments** 3, zu dem hinter der Fußgängerhängebrücke ein Weg steil den Berg hinaufführt. Neben Kämmen und prachtvollem Haarschmuck sehen Sie hier weitere aufwendig verzierte kleine Gegenstände, wie es sie nur in Japan geben kann: die von Männern am Gürtel des Kimonos getragenen Inrō, Behälter mit Medizin oder Siegeln, und kleine geschnitzte Figuren (Netsuke), die als ›Knopf‹ am Gürtel dienten, kunstvoll verzierte Essstäbchen und japanische Tabakpfeifen.

Ü ÜBRIGENS

Daruma ist der japanische Name des aus Indien stammenden buddhistischen Mönches Bodidharma (um 440–528). Der Legende nach meditierte er ganze neun Jahre lang – Arme und Beine starben ihm ab, weshalb die glückbringenden Daruma-Figuren, die in japanischen Tempeln verkauft werden, keine Gliedmaßen haben. Er gilt als der Begründer des **Zen-Buddhismus.**

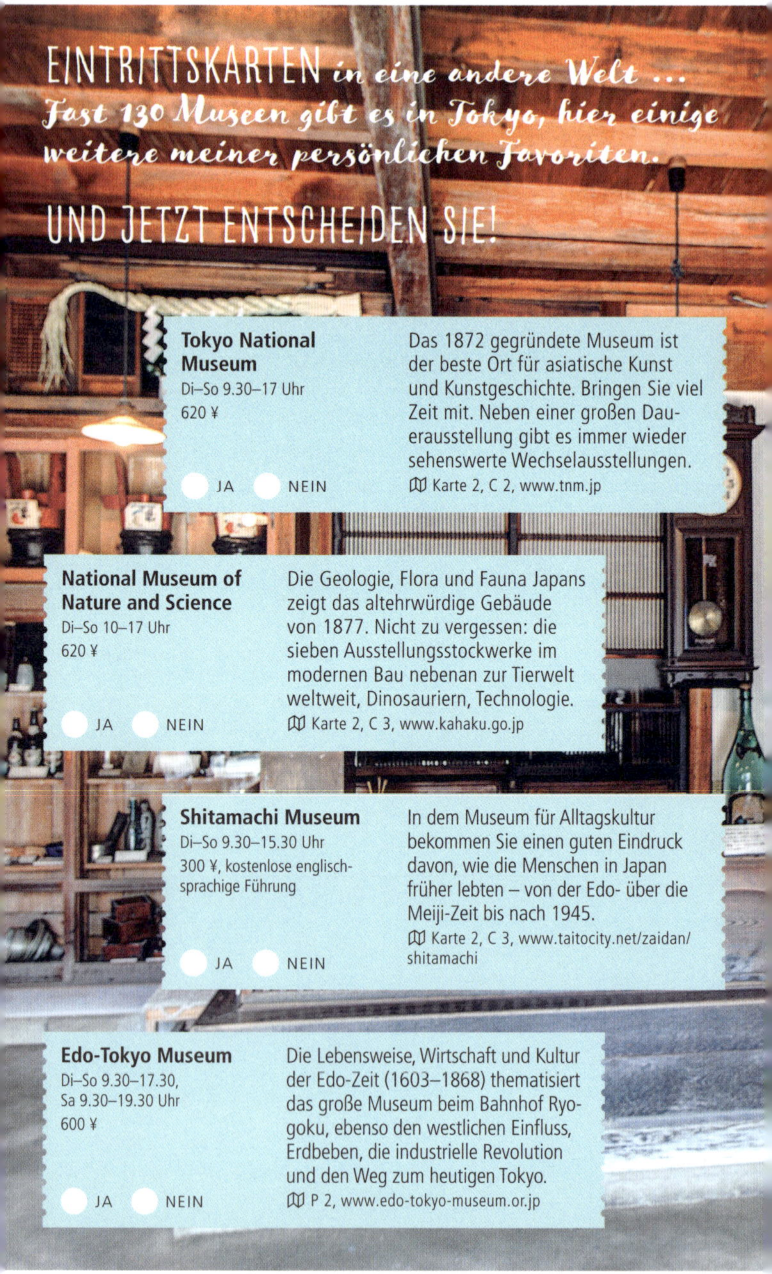

EINTRITTSKARTEN *in eine andere Welt ...*

Fast 130 Museen gibt es in Tokyo, hier einige weitere meiner persönlichen Favoriten.

UND JETZT ENTSCHEIDEN SIE!

Tokyo National Museum
Di–So 9.30–17 Uhr
620 ¥

Das 1872 gegründete Museum ist der beste Ort für asiatische Kunst und Kunstgeschichte. Bringen Sie viel Zeit mit. Neben einer großen Dauerausstellung gibt es immer wieder sehenswerte Wechselausstellungen.
Karte 2, C 2, www.tnm.jp

○ JA ○ NEIN

National Museum of Nature and Science
Di–So 10–17 Uhr
620 ¥

Die Geologie, Flora und Fauna Japans zeigt das altehrwürdige Gebäude von 1877. Nicht zu vergessen: die sieben Ausstellungsstockwerke im modernen Bau nebenan zur Tierwelt weltweit, Dinosauriern, Technologie.
Karte 2, C 3, www.kahaku.go.jp

○ JA ○ NEIN

Shitamachi Museum
Di–So 9.30–15.30 Uhr
300 ¥, kostenlose englischsprachige Führung

In dem Museum für Alltagskultur bekommen Sie einen guten Eindruck davon, wie die Menschen in Japan früher lebten – von der Edo- über die Meiji-Zeit bis nach 1945.
Karte 2, C 3, www.taitocity.net/zaidan/shitamachi

○ JA ○ NEIN

Edo-Tokyo Museum
Di–So 9.30–17.30,
Sa 9.30–19.30 Uhr
600 ¥

Die Lebensweise, Wirtschaft und Kultur der Edo-Zeit (1603–1868) thematisiert das große Museum beim Bahnhof Ryogoku, ebenso den westlichen Einfluss, Erdbeben, die industrielle Revolution und den Weg zum heutigen Tokyo.
P 2, www.edo-tokyo-museum.or.jp

○ JA ○ NEIN

Nezu-Museum

Di–So 10–17 Uhr

1000 ¥, Sonderausstellungen 1200 ¥

Einzigartig ist die Kombination aus modernem Gebäude und traditionellem japanischem Garten mit Teehäusern und dem Nezu-Café. Wechselausstellungen alter asiatischer Kunst (Rollbilder, Wandschirme, Skulpturen).

E 7, www.nezu-muse.or.jp

JA NEIN

Tokyo Photographic Art Museum

Di–So 10–18, Do/Fr 10–20 Uhr

wechselnde Eintrittspreise

Das beste Museum für alle Fotofans. Parallel laufen Ausstellungen mit großer thematischer Bandbreite – historische Aufnahmen, berühmte zeitgenössische Fotografen aus Japan und Übersee oder moderne Videokunst.

Karte 3, B 2, http://topmuseum.jp

JA NEIN

Meguro Parasitological Museum

Mi–So 10–17 Uhr

Eintritt frei, Spende willkommen

Das kleine Privatmuseum 1 km vom Bahnhof Meguro zeigt 300 interessante Parasiten, die Mensch und Tiere befallen können. Die Texte der Ausstellung sind teils auf Englisch.

Karte 3, A 3, www.kiseichu.org

JA NEIN

Advertising Museum Tokyo

Di–Fr 11–18.30, Sa/So 11–16.30 Uhr

Eintritt frei

Die Ausstellung im Dentsu-Gebäude legt den Fokus auf japanische Werbung von der Edo-Zeit bis heute. Manchmal werden Gewinner von Designwettbewerben für Werbeplakate oder Fernsehwerbung präsentiert.

L 7, www.admt.jp

JA NEIN

Ghibli Museum

Mi–Mo 10–18 Uhr

1000 ¥, Kinder 4–6 J. 100 ¥, 7–12 J. 400 ¥, 13–18 J. 700 ¥

Ein Muss für Zeichentrickfilm-Fans. Der riesige Roboter auf dem Dach, der Katzenbus aus Plüsch oder der Nachbau des Zeichenstudios, alles erinnert an die beliebten Filme von Miyazaki Hayao.

Karte 4, C 2, www.ghibli-museum.jp

JA NEIN

Tokyoter Museumslandschaft

Für jedes Spezialthema finden Sie in Tokyo mindestens ein Museum. Wie viele genau, weiß keiner, die unvollständige Liste enthält fast 130 von privater und öffentlicher Hand betriebene Museen. Manche, wie das Koishikawa Ukiyoe-e Museum für japanische Holzschnitte, sind nicht größer als ein durchschnittliches deutsches Wohnzimmer. Da es aber eigentlich ein japanisches Wohnzimmer ist, heißt es dort natürlich: Schuhe aus und Slipper an! Die großen Museen sind gut im Stadtzentrum verteilt. Einen Schwerpunkt großer staatlicher Museen gibt es im Ueno-Park, neue Kunst- und Designmuseen in meist privater Hand liegen vorwiegend in Roppongi.

TIPPS FÜR DEN BESUCH VON TOKYOS MUSEEN

Öffnungszeiten: Die meisten Museen bleiben montags geschlossen. Fällt der Ruhetag auf einen Feiertag, ist oft trotzdem geöffnet und stattdessen am folgenden Tag geschlossen. Zum Jahreswechsel zwischen 28.12. und Anfang Januar ist geschlossen. Große staatliche Museen haben meist 9.30–17 Uhr geöffnet, kleinere Museen öffnen oft erst um 11 Uhr. Achtung: Die Einlasszeit endet 30 Minuten vor Schließung des Museums.
Rabatt auf Eintrittspreise: Besucher ab 65 Jahre haben in vielen Museen, Gärten oder Parks ermäßigten oder sogar freien Eintritt, gegen Vorlage von Reisepass oder Ausweis.
Infos zu den Museen: Holen Sie sich bei der Touristeninformation am Flughafen oder in der Stadt den offiziellen ›Tourismusführer‹-Stadtplan, der vom Tokyo Convention & Visitor Center herausgegeben wird. Für viele dort aufgeführte Museen und Gärten gibt es gegen Vorlage einen kleinen Rabatt.
Kombiticket: Auf der Seite von Tokyo Metropolitan Foundation for History and Culture gibt es Informationen zum Grutto Pass, einem Kombiticket zum freien oder ermäßigten Eintritt in fast 80 Museen. Ob sich die Kosten von 2000 ¥ wirklich lohnen, sollten Sie je nach Interesse an den aufgeführten Museen kurz abschätzen. Auf deren Website www.rekibun.or.jp gibt es beim Umschalten auf deutsche Sprache einen guten Museumsführer für Tokyo zum Download.

Buddhistische Kunst: kriegerische Wächterfiguren im Tokyo National Museum

Blicke auf die Stadt

Beim Besuch einer Millionenmetropole hilft ein möglichst hoher Aussichtspunkt, einen besseren Eindruck über die Ausdehnung der Megacity zu bekommen. Die höchste Plattform, Tokyo Skytree, ist dafür nur bei klarem Wetter geeignet, weil alles sehr weit unten liegt. Meine Favoriten unter den kostenpflichtigen Plattformen: das Seaside Top im World Trade Center und der Tokyo Tower.

Skyline mit Berg

Bunkyo Civic Center Karte 2, A 4

Zur Aussichtsplattform des Bunkyo Civic Center orientieren Sie sich am U-Bahnhof Kasuga in Richtung der Ausgänge A1 bis A3 und folgen hinter dem Ticketgate dem Schild ›Bunkyo Civic Center Connection Gate‹ ins Untergeschoss des Gebäudes. Dort suchen Sie den Aufzug mit der blauen Markierung und fahren bis ›25F‹, um dort die Aussicht und mit etwas Glück den Berg Fuji zwischen den Hochhäusern von Shinjuku zu sehen. Der große Garten unten ist der Koishikawa Kōrakuen (► S. 47). Auf der gegenüberliegenden Seite hat man einen guten Blick auf den Tokyo Skytree, und weil man ein Stativ verwenden darf, kann man hier auch gute Nachtaufnahmen machen.

www.city.bunkyo.lg.jp, tgl. 9–20.30 Uhr, Eintritt frei

Shibuya mit Aussicht

Hikarie Sky Lobby C 8

Auf der östlichen Seite des Bahnhofs Shibuya finden Sie im Hikarie-Komplex die Sky Lobby (11F). Von dort genießen Sie einen herrlichen Blick über Shibuya und die bekannte Shibuya-Kreuzung. Von einem anderen Fenster aus ist in der Ferne die Wolkenkratzer-Skyline von Shinjuku hinter dem für die Olympiade 1964 erbauten Stadion von Kenzo Tange zu sehen. Wenn Sie schon mal dort sind, besuchen Sie auch noch im 8F das d47 Museum, den d47 Design Travel Store und die Ausstellung Puppet Master.

www.hikarie.jp, tgl. 10–21 Uhr

Terrassen beim Bahnhof

Marunouchi Buildings L 4

Am Hauptbahnhof Tokyo hat man nicht nur vom **JP Tower** (► S. 21) eine gute Aussicht auf das alte Bahnhofsgebäude, sondern auch von den beiden Gebäuden Marunouchi Building und Shin-Marunouchi Building. Die Außenterrasse des Marunouchi House ist vom 7F des **Shin-Marunouchi Building** aus zugänglich. Man genießt einen tollen Blick über den Bahnhofsvorplatz und auf der gegenüberliegenden Seite auf einen Teil des Kaiserpalastes. Essen und Getränke kann man auf den Holzbänken auf der hübsch begrünten Terrasse nur genießen, wenn man diese in einem der Restaurants im 7F gekauft hat. Im **Marunouchi Building** befindet sich die zugängliche Terrasse im 5F und man hat von dort auch einen guten Blick auf den renovierten JP Tower. Bei Regen, starkem Wind sind beide Terrassen üblicherweise geschlossen.

www.marunouchi.com, tgl. 11–20, im Shin-Marunouchi Building sogar bis 23 Uhr

Kostenlos in Shinjuku

Tokyo Metropolitan Government Building B 3

Bevor sich die Aufzugtüren im Rathausgebäude von Tokyo in Shinjuku schließen, ruft mir die Dame noch schnell zu, dass die Fahrt in den 45. Stock 55 Sekunden dauern wird. Als ich auf die Decke schaue, erkenne ich das Design eines Halbleiterchips. Selbst hier im Fahrstuhl setzte der Architekt Kenzo Tange diese Stilelemente, die für Fortschritt und Technologie stehen.

Von außen erinnert das Gebäude mit seiner Granitoberfläche eher an eine Kathedrale als an ein Rathaus. Sollten beide Aussichtsplattformen geöffnet sein, empfehle ich Ihnen das South Observatory zu besuchen, weil man von dort die bessere Aussicht sowohl zum Fuji-san als auch in Richtung der Bucht von Tokyo hat. Nach oben kommt man hauptsächlich wegen des tollen kostenlosen Ausblicks, die Souvenirläden und Cafés sind eher unspektakulär.

www.metro.tokyo.jp, tgl. 9.30–23 Uhr, 29.–31.12. und 2.–3.1. geschl., Eintritt frei

Blick vom Hochhausdach

Tokyo City View 🕮 F 7

Im riesigen Areal Roppongi Hills ist der 238 m hohe Mori Tower das höchste Gebäude, wo sich ganz oben die Tokyo City View genannte Aussichtsplattform und das Mori Art Museum (▶ S. 53) befinden. Das Besondere ist neben dem normalen Aussichtsstockwerk ein weiteres auf dem Dach des Hochhauses, genannt Sky Deck. Von dort hat man ohne störende Glasscheiben einen wunderbaren Blick über Tokyo, doch leider ist bei schlechtem Wetter und starkem Wind der Zugang gesperrt. Die Verwendung eines Fotostativs ist auf dem Sky Deck generell verboten. Über 50 Stockwerke darunter sind hauptsächlich Büros, aber auch Restaurants und Geschäfte.

www.roppongihills.com/tcv, Mo–Do, So, Fei 10–23, Fr/Sa und vor Feiertagen 10–1, Sky Deck 11–20 Uhr, 1500 ¥

Gigantischer Turm

Tokyo Skytree 🕮 Karte 2, G 3

Der Tokyo Skytree wurde 2012 eröffnet und ist mit seinen 634 m der höchste freistehende Fernsehturm der Welt. Zwei Aussichtsplattformen auf 350 und 450 m Höhe bieten bei klarem Wetter eine tolle Weitsicht bis zum Berg Fuji-san und nach Yokohama. Man erkennt dort sogar leicht das höchste Gebäude, den Landmark Tower. Fans hoher Fernsehtürme müssen natürlich unbedingt den Tokyo Skytree erklimmen und nehmen dafür auch lange Wartezeiten beim Erwerb der Eintrittskarten und an den Aufzügen in Kauf. Den besten und sogar kostenlosen Blick hat man meiner Meinung nach jedoch vom East Tower am östlichen Ende der Tokyo Skytree Town. Dort befinden sich im 30. und 31. Stockwerk neben hochpreisigen Restaurants auch einige Aussichtsfenster. Mit etwas Glück sehen Sie vom 30. Stock be wie der Fuji-san zwischen der Hochhauskulisse von Roppongi und Shinjuku majestätisch residiert. Die beiden Stockwerke sind erst ab 10.30 Uhr zugänglich, wenn die ersten Restaurants öffnen. Ein

Der Tokyo Tower und Roppongi vom World Trade Center aus.

absoluter Geheimtipp für Tofu-Liebhaber: Genießen Sie für 2835 ¥ das günstige Mittagsmenü im Restaurant Kunimi (Bedeutung: »Das Land sehen«), während Sie den grandiosen Blick genießen (►S. 92). Wenn danach noch Zeit bleibt, gehen Sie ins Solamachi, ein großer Shoppingtempel mit über 300 Läden.

www.tokyo-skytree.jp/english, tgl. 8–22 Uhr, Aussichtsplattform 350 m 2060 ¥, 450 m zusätzlich 1030 ¥

Paris in Rot-Weiß

Tokyo Tower 🕮 H 8

Im Südosten, nicht weit von der Tempelanlage Zojo-ji und zu Fuß leicht von den Stationen Daimon (U-Bahn) oder Hamamatsucho (S-Bahn) zu erreichen, liegt der Tokyo Tower. Für manche ist er nur eine Kopie seines berühmten Vorbilds, des Pariser Eiffelturms. Erst 1958 erbaut, ist er aber mit seinen 333 m um 13 m höher als das Original, dafür aber um 4000 Tonnen leichter. Durch seine rote und weiße Bemalung fällt das Gebäude im Stadtbild sofort ins Auge. Um eine gute Aussicht zu genießen, reicht ein Besuch der Hauptplattform auf 150 m Höhe, es gibt eine weitere Plattform auf 250 m.

www.tokyotower.co.jp/english, tgl. 9–22 Uhr, Hauptplattform 900 ¥, obere Plattform zusätzlich 700 ¥

Blick zur Bucht

World Trade Center 🕮 K 8

Meine Lieblings-Aussichtsplattform befindet sich im Gebäude des World Trade Center direkt am Bahnhof Hamamatsucho. Von dort sieht man sehr gut auf die Bucht von Tokyo und hat einen herrlichen Blick auf den Tokyo Tower und Roppongi mit seinen neuen Wolkenkratzern. Insbesondere Aufnahmen vor und nach Sonnenuntergang sind hier gut zu machen. Mit etwas Glück sehen Sie sogar die Silhouette des Fuji-san. Das Gebäude ist schon etwas in die Jahre gekommen, ist es doch eines der ersten in Tokyo erbauten Hochhäuser. Das Aussichtsstockwerk heißt Seaside Top und wurde vor einigen Jahren komplett renoviert. Glücklicherweise gibt es hier nicht so einen großen Ansturm wie beim Tokyo City View, Tokyo Tower oder Tokyo Skytree, d. h. man hat hier keine Wartezeiten zu befürchten. Die Verwendung eines Fotostativs ist außerdem erlaubt, doch sollten Sie auf die anderen Besucher Rücksicht nehmen. Der Zutritt zur Aussichtsplattform erfolgt über das B1F, wo man sich an einem Automaten ein Ticket kauft und dann mit dem Fahrstuhl hochfährt.

www.wtcbldg.co.jp, tgl. 10–20.30 Uhr, 620 ¥

Pause. Einfach mal abschalten

Nicht raus ins Grüne, sondern mitten rein ins Zentrum zum Kaiserpalast geht man in Tokyo, um etwas Abstand vom Großstadttrubel zu gewinnen. Oder doch lieber im buddhistischen Tempel meditieren lernen? Andere lockt der schönste Park direkt an der Bucht von Tokyo oder ein Bad im heißen Quellwasser.

Grüne Lunge im Zentrum

Kaiserlicher Palastgarten (Kokyo-Higashi Koen) K 3

Tokugawa Ieyasu machte einst im frühen 17. Jh. das kleine Fischerdorf mit dem Namen Edo zum Zentrum seines Shogunats und baute die Burganlage zur Festigung seiner Macht aus. Noch heute wohnt der japanische Kaiser mit seiner Familie auf dem riesigen Gelände. Das Areal darf man nur an seinem Geburtstag (23.12.) und zur Neujahrsbegrüßung (2.1.) betreten. Ausnahme: Das ganze Jahr über zugänglich für sein Volk und Touristen ist der äußere, östlich gelegene Garten Kokyo-Higashi Koen. Mitten im Zentrum von Tokyo gelegen, ist er ideal zum Abschalten. Der Garten ist auch das Ziel großer Reisegruppen, aber glücklicherweise gibt es auf dem weitläufigen Gelände auch eher wenig besuchte Ecken.

Durch das Tor **Ote-mon** betritt man den Kokyo-Higashi Koen. Der Eintritt ist frei, doch bekommt man am Eingang ein Plastik-Token, das man beim Verlassen wieder abgeben muss. Damit wird sichergestellt, dass alle Besucher den weitläufigen Garten abends verlassen. Zunächst sehen Sie rechts das **Museum of the Imperial Collections** mit Kunstgegenständen aus dem Besitz der Kaiserfamilie. Die meisten sind Geschenke ausländischer Staatsgäste und Royals. Weiter oben kommt das Wachhaus **Doshin-Bansho,** wo sich die Samurai-Wächter zum Schutz des Shoguns aufhielten, und links das größte Wachhaus **Hyakunin-Bansho,** das bis zu 100 Wachleute beherbergte. Gehen Sie daran vorbei und rechts den Berg hinauf durch eine weitere Burgmauer, zum großen Wachhaus **O-Bansho,** dem letzten der drei erhaltenen historischen Wachhäuser, früher der letzte Kontrollpunkt für jeden Besucher. Nachdem Sie die letzte Burgmauer passiert haben, halten Sie sich rechts. Gleich die erste Abzweigung zwischen den Bäumen, führt ein schmaler Weg bergauf zu einem wenig besuchten Aussichtspunkt mit schönem Blick über den Ni-No-Maru-Garten vor dem Hintergrund des Hochhäuserwaldes des Bankenviertels Marunouchi. Ein paar Bänke laden zur Pause. Mit dieser Aussicht und im Schatten der Bäume, im Hintergrund das Rauschen der Großstadt, genießt man auf einer Bank vielleicht ein mitgebrachtes Eki-ben?

Wieder zurück vom Aussichtspunkt, laufen Sie im Garten Honmaru über die große Rasenfläche zum **Tenshu-dai,** den Überresten der 1607 erbauten Edo-Burg. Betritt man den alten Mauersockel, kann man von oben den Honmaru-Garten gut überblicken. Über den steilen Bairin-zaka, der von Pflaumenbäumen gesäumt ist, laufen Sie zum Ni-No-Maru-Garten hinunter. Dieser Garten mit künstlichem See, Brücke und Steinlaternen wurde zu Beginn des 17. Jh. angelegt.

Falls Sie am Ende des Besuchs beim Kaiserpalast noch die berühmte **Niju-Brücke** fotografieren wollen, dann verlassen Sie den Garten wieder über das Tor Ote-mon und laufen in südliche Richtung den Burggraben circa 800 m entlang.

www.kunaicho.go.jp, S-Bahn Tokyo Station, U-Bahn Otemachi, Di–Do und Sa/So 9–16.30 Uhr, Eintritt frei

Meditation für Einsteiger

Chokokuji-Tempel 🕮 E 7

Jeden Montag können Sie ganz ohne Voranmeldung an einem Training für Zazen, Sitzmeditation, teilnehmen. Zen ist eine besonders strenge Richtung des Buddhismus und beim Besuch für das Probetraining sollten Sie eher gedeckte Kleidung tragen. Das Training selbst ist leider nur auf Japanisch, aber eine englische Informationsbroschüre hilft Neueinsteigern. Der Tempel hat eine über 400-jährige Geschichte. Im Gebäude beim Eingang gibt es die 10 m hohe Bodhisattva-Figur einer Kannon zu bestaunen.

2-21-34 Nishiazabu, Minato-ku, www.choukokuji.jiin.com, http://global.sotozen-net.or.jp, U-Bahn Roppongi, Mo 19 Uhr, 100 ¥

Park am Meer

Hama-Rikyū-Park 🕮 L 7/8

Einer der schönsten Gärten Tokyos befindet sich zwischen dem Bahnhof Shimbashi und Tsukiji. Der Hama-Rikyū-Park gehörte im 17. Jh. einem Adligen. Besonders schön ist der Garten mit seinen vielen Kirschbäumen im Frühjahr. Der große Teich Shioiri-no-ike wird mit Meerwasser gespeist, weshalb der Wasserpegel den Gezeiten folgt. Bemerkenswert auch eine über 300 Jahre alte riesige Pinie direkt beim Eingang, die vom 6. Shogun gepflanzt wurde. Ein großes Teehaus am See lädt mit Grüntee und Süßigkeiten zum Verweilen und Durchatmen ein.

1-1 Hamarikyuteien, Chūō-ku, U-/S-Bahn Shimbashi, tgl. 9–17 Uhr, Eintritt 300 ¥

Verträumte Einkaufsstraße

Amazake Yokochō 🕮 N 3

Um die Ecke des U-Bahnhofs Ningyōchō (Ausgang A1) beginnt der Amazake Yokochō, eine von Bäumen gesäumte Einkaufsstraße, in der die Atmosphäre des alten Japan die Zeit überdauert hat. Am Teeladen wird gerade Hojicha geröstet und verströmt einen angenehmen Geruch, daneben der Tofu-Laden Futaba (► S. 91). Auf der anderen Straßenseite eine lange Warteschlange für die beliebten Taiyaki. Süßigkeiten (Wagashi) für die Teezeremonie, Haushaltswaren aus Bambus und Holz, ein Sake-Geschäft, salzige Reiskräcker (Osembei), mehrere Läden für Kimonos und deren Stoffe, süße japanische Kekse (Kawarasenbei) und Teezubehör. Außerdem noch zahlreiche kleine Restaurants, Kneipen, altmodische Cafés und ein Laden für mit Essig haltbar gemachtes Sushi.

Nihombashiningyochō 2-chōme, Chūō-ku, U-Bahn Ningyōchō

In heißen Bädern entspannen

Ōedo Onsen Monogatari

🕮 Karte 4, D 2

Für alle Liebhaber der heißen Quellen gibt es auf der im Meer aufgeschütteten Insel Odaiba in der Bucht von Tokyo das riesige Erlebnisbad Ōedo Onsen Monogatari. Das heiße natrium- und chlorreiche Wasser wird aus einer Tiefe von 1400 m hochgepumpt. Restaurants und sechs verschiedene Bäder sorgen dafür, dass man hier ohne Probleme längere Zeit verbringen kann. Damit die Badegäste sich nicht langweilen, hat man Souvenirstände und Wurfbuden im Stil der Edo-Zeit (1603–1868) in einer großen Halle aufgebaut. Die Bäder sind nach Geschlechtern getrennt, lediglich das 50 m lange Fußbad im japanischen Garten auf dem Dach kann man im kimonoähnlichen Bademantel Yukata gemeinsam durchlaufen. Sie erreichen das Bad mit der Yurikamome-Linie, dann wenige Minuten zu Fuß.

2-6 Aomi, Kōtō-ku, www.ooedoonsen.jp, von Shinbashi Yurikamome-Linie bis Telecom Center, tgl. 11–9 Uhr, Eintritt 2900 ¥

Ü ÜBRIGENS

Eki-ben sind japanische Lunch-Boxen, die man an Bahnhöfen kauft. Insbesondere am Tokyo Hauptbahnhof ist die Auswahl schier unerschöpflich und man kann sogar lokale Spezialitäten aus vielen Teilen Japans kaufen und genießen.

Ein Bett im Schuhkarton

Günstige Hotelzimmer in sogenannten Businesshotels sind oft sehr klein und haben meist nur Platz für ein Bett und einen schmalen Durchgang. Im Badezimmer können größere Menschen manchmal nicht aufrecht stehen, und statt Kleiderschrank gibt es ein paar Wandhaken, da die Hotels für Geschäftsleute mit Handgepäck gebaut wurden. Aufgrund des Tourismusbooms sind die Hotelpreise in den letzten Jahren kontinuierlich gestiegen.

Sehr positiv zu bewerten ist es deshalb, dass immer mehr Hostels mit neuen Konzepten eröffnen, die noch Übernachtungsmöglichkeiten im Preisbereich um 3000 ¥ anbieten. Die Schlafkojen sind zwar ähnlich gebaut wie in den verpönten Capsule-Hotels, doch meistens etwas geräumiger und statt aus Plastik aus Holz. Ein Vorteil dieser neuen Hostels ist, dass man, anders als in normalen Jugendherbergen, einmal eingecheckt zu jeder Zeit Zugang hat.

Wer traditionell auf Tatami-Matten nächtigen will, bucht ein Ryokan. Das Schlafen auf den harten Reisstrohmatten ist zwar gewöhnungsbedürftig, aber sicherlich besser für den Rücken als eine zu weiche Matratze.

Natürlich gibt es auch in Japan Wohnungen von privat über Dienste wie z. B. AirBnB zu mieten. Sehr schöne Wohnungen in Tokyo vermittelt auch die Website www.fewo-direkt.de: Von der modernen Stadtwohnung in Shinjuku bis hin zu einem alten traditionellen Holzhaus in Mukojima findet man hier eine große Auswahl.

Von Künstlern gestaltet: Artist Room im Park Hotel

ZUM SELBST ENTDECKEN

Bevorzugte Gegenden: Asakusa und Yanaka liegen etwas abseits vom Zentrum, weshalb es hier viele günstige Hotels gibt. In diesen beiden Stadtteilen befinden sich außerdem gute und bezahlbare Ryokan. Ueno ist ebenfalls keine Gegend für Luxushotels und zeichnet sich durch besonderen Charme aus. Die letzten U-Bahnen fahren bereits kurz nach 12 Uhr, wer also gerne lange Party macht, aber nicht bis zum nächsten Morgen um 5 Uhr warten möchte, sollte sein Hotel so auswählen, dass er oder sie gegebenenfalls auch zu Fuß sein Bett findet (ok, es gibt Taxis, aber das muss ja nicht sein).

DIE TRENDIGSTEN HOSTELS

In einer alten Spielzeugfabrik
Nui. Hostel & Bar Lounge
Karte 2, E 4
Drei große Ventilatoren durchrühren die Luft im Café im Erdgeschoss, wo vor wenigen Jahren noch Spielzeug produziert wurde. In den vier Stockwerken darüber kann man günstig ein Bett im Gemeinschaftsraum (Räume nur für Frauen und gemischte Räume), aber auch Zimmer mit 1–3 Betten buchen. Asakusa, der Tokyo Skytree und die U-Bahn-Station Kuramae sind in Laufweite, und über die Oedo- und Asakusa-Linie sind viele Orte in Tokyo schnell erreicht.
2-14-13 Kuramae, Taitō-ku, http://backpackers japan.co.jp/nui_en, U-Bahn Kuramae, Café 8–23, Bar 18–2 Uhr, ab 2700 ¥

Beim Tempel Senso-ji
Bunka Hostel Tokyo Karte 2, E 3
In einer Seitenstraße in Asakusa bildet das Bunka Hostel Tokyo mit modernem Design in hellem Holz einen Gegenpol zu den sonst eher tristen ›Kapselhotels‹. Gemeinschaftsräume für Frauen und gemischte Stockwerke zur Auswahl. Das einzige Privatzimmer mit herrlichem Blick zum Tokyo Skytree ist oft ausgebucht und bietet Platz für fünf Personen. Die Gemeinschaftsräume sind hell und großzügig gestaltet. Eine Izakaya mit günstigen Gerichten und Sake im Lobby-Bereich öffnet um 16 Uhr.
1-13-5 Asakusa, Taitō-ku, http://bunkahostel.jp, U-Bahn Asakusa, ab 3000 ¥

Hostel für Bücherwürmer
Book and Bed Tokyo Karte 4, D 2
Das kleine Hostel mit 30 Betten und jeder Menge Bücher ist der ideale Ort für alle Bücherliebhaber. Vom Bahnhof Ikebukuro leicht zu finden, wenn man am Ausgang C8 rechts läuft und beim Restaurant Kirin City den Fahrstuhl in den 8. Stock (7F) nimmt. Das Hostel ist mit viel Holz, Bücherregalen, einigen Sofas eingerichtet und hat ein großes Fenster zur Straße. Check-in ist ab 16 Uhr. Wer einmal eingecheckt hat, kann auch tagsüber das Hostel betreten.
Lumiere Bldg. 7F, 1-17-7 Nishi Ikebukuro, Toshima-ku, http://bookandbedtokyo.com/en, S-Bahn Ikebukuro, ab 3500 ¥

AUF REISSTROHMATTEN GEBETTET

Familiengeführt und authentisch
Ryokan Sawanoya Karte 2, B 2
Ein bei ausländischen Gästen sehr beliebtes Ryokan im ruhigen Wohngebiet von Yanaka. Wenn Sie hier übernachten wollen, sollten Sie frühzeitig buchen, am besten 5–6 Monate vor Ihrer Reise. Das Ryokan ist familiengeführt und der Eigentümer Herr Sawa ist bekannt durch sein Buch »Welcome to Sawanoya, Welcome to Japan« mit Anekdoten und Erlebnissen aus 40 Jahren. Zwei sehr schöne japanische Bäder mit Gartenblick und auch tolle Aussicht vom Dach.
2-3-11 Yanaka, Taitō-ku, www.sawanoya.com, U-Bahn Nezu, EZ 5400 ¥, DZ ab 10 152 ¥

Japanische Gastfreundschaft
Sukeroku-no-yado Sadachiyo
Karte 2, E3
Die typische japanische Gastfreundschaft *Omotenashi* erfährt man in einem traditionellen Ryokan nördlich des Tempelbezirkes Asakusa in einer ruhigen Seitenstraße. Das kleine Ryokan hat 20 Tatami-Räume mit eigenem Bad und Toilette, es gibt noch zwei große Gemeinschaftsbäder im japanischen Stil. Traditionelles Frühstück, Mittag und Abendessen im hoteleigenen Restaurant buchbar.
2-20-1 Asakusa, Taitō-ku, www.sadachiyo.co.jp, U-Bahn Asakusa, ab 9800 ¥ pro Pers. im 6-Tatami-Raum und ab 8200 ¥ pro Pers. im 12-Tatami-Raum (bei 4 Pers.)

DOCH LIEBER EIN BETT!

Günstiges Hotel bei Ueno
Candeo Hotel Ueno Park
Karte 2, D2
Ein preiswertes Businesshotel mit im Vergleich zu anderen in dieser Preisklas-

se relativ großen Zimmern. Wie üblich statt Kleiderschrank nur einige Haken an der Wand, dafür aber angenehm weiche Matratzen. Das Personal beim Check-in spricht Englisch und neben wenigen Japanern vorwiegend Gäste aus anderen asiatischen Ländern. Reichhaltiges Frühstücksbuffet. In wenigen Minuten ist man am Bahnhof Uguisudani an der Yamanote-Linie.

1-2-13 Negishi, Taitō-ku, www.candeohotels.com/ueno, S-Bahn Uguisudani, saisonabhängig ab 4320 ¥ pro Pers. im DZ

Modern wohnen in Asakusa

The Gate Hotel Karte 2, F 3

Wenn es etwas großzügiger und modern sein soll, aber dennoch mit traditionellem Touch und direkt beim Tempelbezirk Asakusa, dann ist dieses im Jahr 2012 eröffnete Hotel sicherlich eine gute Wahl. Herrliche Ausblicke auf Tempelbezirk und den Tokyo Skytree gibt's von der Hotelgästen vorbehaltenen Dachterrasse und auch vom rund um die Uhr geöffneten Restaurant im oberen Stockwerk.

2-16-11 Kaminarimon, Taitō-ku, www.gate-hotel.jp, U-Bahn Asakusa, ab 10 811 ¥ im DZ

Für Fischliebhaber

Tokyu Stay Tsukiji M 7

Für Foodies gibt es kein besseres Hotel, da es direkt beim Tsukiji Outer Market liegt. Von der Harumi Dōri durch eine riesige Meerbrasse (Tai) auf der Fassade nicht zu verfehlen. Praktisch: Einige Zimmer mit kleiner Einbauküche und Waschmaschine. Ein Hotel derselben Kette hat im März 2016 in der Ginza direkt gegenüber dem Kabuki-za eröffnet.

4-11-5 Tsukiji, Chūō-ku, www.tokyustay.co.jp/e/hotel/HIG, U-Bahn Tsukiji, DZ ab 20 500 ¥

FÜR NACHTSCHWÄRMER

Für Partygänger in Roppongi

Asia Center of Japan F 6

Das Hotel liegt in der Nähe des Ausgehbezirks Roppongi, falls Sie also dort hin wollen und länger ausgehen möchten, ist das Hotel eine gute Wahl. Im ruhigen Wohngebiet und nur 5 Minuten vom U-Bahnhof Aoyama Itchōme gelegen, wurde das Hotel im Oktober 2015 nach einer Komplettrenovierung wiedereröffnet. Bei Vorzeigen Ihres Reisepasses erhalten Sie Coupons für ein kostenloses Frühstück.

8-10-32 Akasaka, Minato-ku, www.asiacenter.or.jp, U-Bahn Aoyama-Itchome, DZ ab 8550 ¥ (dieser günstige Preis gilt meistens nur am Sonntag)

Kleine Apartments in Shibuya

Tokyu Stay Shibuya Shin-Minamiguchi C 8

Wer gerne ein Zimmer mit einer kleinen Küche und Waschmaschine direkt in Laufweite der berühmten Shibuya-Kreuzung sucht, der ist hier genau richtig. In der Lobby gibt es sogar kostenlos einen guten Kaffee. Die Frühstückcoupons gelten im Restaurant Jonathan's Cafe gegenüber.

3-26-21 Shibuya, Shibuya-ku, www.tokyustay.co.jp/e/hotel/SIM, S/U-Bahn Shibuya, DZ ab 13 600 ¥

Phänomenale Dachterasse

Granbell Hotel Shinjuku C 2

Im Kabuki-chō mit vielen Love-Hotels wurde dieses Hotel 2013 eröffnet. Bei rechtzeitiger Buchung bietet es günstige Preise, und dank einer Glasscheibe wirken die Badezimmer nicht so klaustrophobisch wie in anderen Hotels dieser Preiskategorie. Im 13. Stock gibt es eine Dachterrasse mit Bar, die einen herrlichen Blick über die Skyline von Shinjuku bietet. Den U-Bahnhof Higashi-Shinjuku erreicht man von hier aus sehr schnell.

2-14-5 Kabuki-chō, Shinjuku-ku, www.granbellhotel.jp/en, U-Bahn Higashi-Shinjuku, ab 7110 ¥ pro Pers. im DZ

Verkehrsgünstig

Sunroute Higashi Shinjuku D 1

Eine bessere Lage bei diesem Preis findet man in Shinjuku wohl kaum, denn das Hotel steht direkt auf dem U-Bahnhof Higashi-Shinjuku. Mit den beiden Linien Oedo- und Fukutoshin ist man quasi innerhalb von 30 Minuten überall in Tokyo. Zu Fuß erreichbar ist der Kabuki-chō und das Ausgehviertel Shinjuku Ni-Chōme mit seinen Bars für Schwulen und Lesben.

7-27-9 Shinjuku, Shinjuku-ku, www.hotelsunroutehigashishinjuku.jp/en, U-Bahn Higashi-Shinjuku, DZ ab 14 900 ¥

DESIGN UND HISTORISCHE MAUERN

Design-Hotel

Claska Karte 3, westlich von A3

Keiner der Räume in diesem Design-Hotel ist identisch, modern westlicher oder japanischer Stil stehen zur Auswahl. Selbst die Räume mit Tatami haben Betten mit normalen Matratzen. Neben dem Hotel gibt es auch ein Restaurant, Café und die schöne Gallery & Shop ›DO‹. Falls man in der Nähe ist, empfehle ich, dort vorbeizuschauen. Leider ist das Claska verkehrstechnisch nicht ganz so günstig gelegen, doch kommt man entweder mit dem Bus zum 2 km entfernten Bahnhof Meguro oder läuft 1 km zu Fuß zur Tokyu-Toyoko-Linie.

1-3-18 Chuo-cho, Meguro-ku, www.claska.com, U-Bahn Gakugeidaigaku, EZ ab 7500 ¥, DZ ab 15 000 ¥

Herrliche Aussicht

Park Hotel Tokyo K 7

Das Besondere dieses Design-Hotels ist ein Stockwerk mit von Künstlern individuell gestalteten Räumen. Im Shiodome Media Tower beim Bahnhof Shimbashi gelegen, hat man außerdem eine herrliche Sicht zur Bucht von Tokyo oder mit etwas Glück auf den Fuji-san mit Tokyo Tower. Die ideale Lage macht dieses Hotel auch zur guten Wahl gegen Ende einer Japanreise, falls Sie vom Flughafen Haneda zurückfliegen. Auf Frühbucherrabatte achten, ein Artists Room kostet Aufpreis.

1-7-1 Higashi Shinbashi, Minato-ku, www.parkhoteltokyo.com, S-Bahn Shimbashi, U-Bahn Shiodome, DZ ab 23 000 ¥

INS LOVE-HOTEL VERIRRT?

Falls Sie sich in den Straßen von Tokyo spontan für ein Hotel entscheiden, weil es fancy aussieht und vielleicht sogar einen deutschen Namen hat, werden Sie sich wundern, wie groß das Zimmer ist, und sofort das schöne Marmorbad genießen. Allerdings haben Sie dann versehentlich in einem Love Hotel eingecheckt und die vermeintlich günstige Übernachtungsrate, die im Voraus zu bezahlen war, ist der Preis für eine Stunde. Die sichere Bestätigung haben Sie spätestens nach 1 Stunde und 2 Minuten, wenn ein freundlicher Anrufer von der Rezeption Sie fragt, ob Sie so langsam daran denken, wieder zu gehen.

Historisch am Hauptbahnhof

The Tokyo Station Hotel L 4

Dieses Hotel in historischen Gemäuern blickt auf eine über 100-jährige Geschichte zurück. Einmal sollte man das reichhaltige Frühstücksbuffet im Atrium genießen. Für den gesamten Aufenthalt sicherlich zu teuer, aber bequem für ein bis zwei Nächte, wenn Sie einen sehr frühen Zug in andere Teile von Japan nehmen.

1-9-1 Marunouchi, Chiyoda-ku, www.thetokyostationhotel.jp, U-Bahn Higashi-Shinjuku, DZ ab 43 285 ¥

Im Ryokan geht man nicht ohne: Geta-Holzsandalen.

Mittags günstig schlemmen ...

Eine Reise nach Tokyo ist immer auch eine kulinarische Reise, denn die Vielfalt und Qualität der japanischen Küche ist unübertroffen. Dabei sind die Preise im Vergleich zu Deutschland sehr günstig, denn in vielen Restaurants wird man bereits für 600–1000 ¥ satt. Selbst wenn man die Preise mancher Gourmetrestaurants in Euro umrechnet, wird man überrascht sein.

Falls Ihr Frühstück nicht im Zimmerpreis inbegriffen ist, empfehle ich, außerhalb des Hotels zu frühstücken. Oft bekommt man für den Preis des Frühstücksbuffets doch nicht das, was man sich wünscht, besonders wenn man am Morgen noch keinen Reis, gegrillten Fisch und Misosuppe mag – das typisch japanische Frühstück. Meistens befinden sich neben den international bekannten Caféketten auch sehr gute japanische Läden an jeder Ecke, die preislich günstiger sind.

Bei der Planung von Mittag- und Abendessen sollten Sie berücksichtigen, dass sehr viele Restaurants in Japan am Mittag wesentlich günstiger sind als am Abend. Insbesondere wer wegen der traditionellen japanischen Kochkunst Washoku nach Tokyo reist, tut gut daran, die Highlights am Mittag zu genießen und dann am Abend eher die Restaurants zu besuchen, die immer gleiche Preise haben oder nur am Abend öffnen (Izakaya).

Im Nikuzushi Kagurazaka gibt es auch rohes Pferdefleisch.

ZUM SELBST ENTDECKEN

Jedes größere **Kaufhaus** hat in Tokyo mindestens ein Stockwerk mit Restaurants, meist in den oberen Etagen. Im Untergeschoss befindet sich oft eine Lebensmittelabteilung, wo man einen kleinen Imbiss, Bento-Boxen oder Onigiri (Reisecken) kaufen kann. Auch mehrstöckige **Bürogebäude** verfügen oft über Restaurants. Im Untergeschoss gibt es dabei meistens günstigere Auswahlmöglichkeiten, während sich im oberen Stockwerk eher die teuren Restaurants mit guter Aussicht befinden. Aber selbst manche der etwas kostspieligeren Lokalitäten bieten an Werktagen günstige Mittagsmenüs an, weshalb Sie auf jeden Fall einfach mal vorbeischauen sollten.

SO BEGINNT EIN GUTER TAG IN TOKYO

Hippes Café in Yanaka

Kayaba Coffee Karte 2, C 2

Beliebt bei Hipstern ist das Café, das sich in einem alten Holzhaus gegenüber dem Shitamachi Museum Annex befindet. Im Erdgeschoss sitzt man an Tischen, während man im Obergeschoss auf Tatami am Boden Platz nimmt. 8–11 Uhr kann man für 800 ¥ gut frühstücken (Toast oder Sandwich mit Kaffee oder Tee). Neben hervorragendem Milchkaffee ist auch der Green Tea Latte sehr zu empfehlen.

6-1-29 Yanaka, Taitō-ku, http://kayaba-coffee.com, U-Bahn Nezu, S-Bahn Nishinippori, Mo–Sa 8–22, So 8–18 Uhr

Handgebrühter Kaffee

Der Koffer Karte 2, G 4

Grauhaarige Japaner sitzen qualmend auf runden Ledersesseln am Tresen, während Frau Eto von Hand ihren kräftigen Kaffee brüht. Der Name des Cafés hat keinerlei Bezug zu Deutschland und so wirklich konnte man mir auch nicht erklären, für was es steht. Das Café gibt es seit 26 Jahren. Die Hausmischung aus brasilianischen und kolumbianischen Kaffeebohnen ergibt einen kräftigen Kaffee und könnte selbst Tote wieder zum Leben (430 ¥) erwecken.

3–1–10 Azumabashi, Sumida-ku, U-Bahn Honjo-azumabashi, Mo–Fr 8–17, Sa–So 9–17 Uhr

WO ESSEN AUF NACHHALTIGKEIT TRIFFT

Biogemüse in der Ginza

Dorobushi L 6

Direkt an der Ginza ist das Restaurant für seine hochwertige biologische Kost beliebt, auch am Mittag sicherheitshalber reservieren oder gleich um 11 Uhr kommen. Ich wähle die Bentobox für 2800 ¥, bestehend aus vielen kleinen Gerichten, dazu Miso-Suppe und drei Arten Reis zur Auswahl, am besten ist Vollkornreis mit roten Bohnen. Es gibt auch eine Vegetarier-Variante. Am Abend ist es wesentlich teurer. Hier stammt alles aus Bio-Anbau mit Ausnahme des Fischs, der aus Wildfang kommt, was natürlich geschmacklich besser ist. Falls man noch günstiger essen möchte, gibt es im Stockwerk B1F das Dorobushi Kitchen mit veganen Currygerichten ab 900 ¥.

FANCL Square Bldg. 9F, 5-8-16 Ginza, Chūō-ku, www.dorobushi.com, U-Bahn Ginza, tgl. 11–20 Uhr

Tofu täglich frisch

Futaba Tofu N 3

Der Tofuladen Futaba, den man schnell vom Ausgang A1 des U-Bahnhofs Ningyocho erreicht, betreibt im gleichen Gebäude auch ein Restaurant. Gehen Sie die Treppe ein Stockwerk hoch

KAFFEEHAUS-KETTEN

Die japanische Kette **Doutor Coffee**, www.doutor.co.jp, ist eine gute und günstige Alternative zu einer weltweit bekannten Kette aus Amerika, die auch in Tokyo an jeder Ecke vertreten ist. Bestellen Sie zum Frühstück beispielsweise eine große Tasse Blend Coffee, Orangensaft und Zimtschnecken für knapp 1000 ¥. Dank einer englischen Karte kann man an der Kasse recht einfach ordern.

Aufgrund des guten Kaffees und einer großen Auswahl an Kuchen und Sandwiches ist die Kette **Ueshima Coffee** sehr beliebt. Die Plätze sind auch mit Steckdosen ausgerüstet, was sehr praktisch ist, wenn man seinen Handy- oder Computer-Akku laden möchte.

www.ueshima-coffee-ten.jp

Der Koffer – Frau Eto brüht von Hand.

und kaufen Sie zunächst ein Ticket. Dazu drücken Sie am Automaten die Taste Nummer fünf, nachdem sie 850 ¥ bzw. einen 1000 ¥ Schein eingeführt haben. Wenn Sie bei der Ticketabgabe die Bedienung darauf hinweisen, dass Sie Vegetarier sind, wird sie das bei Beilagen und Miso-Suppe berücksichtigen. Es gibt auch andere Gerichte,

Ü
ÜBRIGENS

Es wäre ja schon sehr ärgerlich, falls Sie **Nagi Shokudo** und **Bookcafe days** nicht finden, daher eine kurze **Wegbeschreibung:** Von Shibuya Mark City laufen Sie in Richtung Hochstraße und überqueren auf der Fußgängerbrücke die breite Straße. Dann immer weiter laufen, vorbei am Family Mart und Musikladen und an der Ecke des Restaurants Kirin City rechts den Berg hinauf und wieder hinunter, bis zum Postamt auf der linken Seite. Das Gebäude befindet sich schräg gegenüber dem Postamt.

vergleichen Sie hierzu einfach die Bilder der japanischen Karte mit den Zeichen auf den Ticketautomaten.

2-4-9 Nihonbashiningyocho, Chūō-ku, http://futaba-tofu.jp, U-Bahn Ningyocho, Mo–Sa 11–14 und Mo–Fr 17–21.30 Uhr

Vegan in Shibuya
Nagi Shokudo C 8

Etwas versteckt im Souterrain eines unscheinbaren Gebäudes befindet sich eines der besten veganen Restaurants in Tokyo. In dem kleinen Restaurant sind gerade genügend Sitzplätze an Tischen oder auf dem Boden, damit die zwei Angestellten die Gäste gut und zuvorkommend bedienen können. Meine Empfehlung ist das Mittagsmenü für 1250 ¥, es enthält drei verschiedene Gerichte von der zweisprachigen Karte, dazu braunen Reis und eine vorzügliche Miso-Suppe und ein Getränk – probieren Sie hier einmal den chinesischen Pu-Erh-Tee. Der Initiator des veganen Restaurants hat ein bekanntes Gemüse-Kochbuch herausgebracht, das im Restaurant erworben werden kann. Für Eilige gibt es auch Bento-Boxen für 1050 ¥ zum Mitnehmen.

15-10 Uguisudanichō, Shibuya-ku, www.nagishokudo.com, S-Bahn Shibuya, Mo–Sa 12–15 und Mo–So 18–22.30 Uhr

Bücher & Café
Bookcafe days C 8

Im gleichen Gebäude wie das Nagi Shokudo befindet sich dieses gemütliche mit viel Recyclingholz, aber auch einigen teuren Ledersesseln gestaltete Büchercafé. Es gibt frischgebrühten Kaffee und leichte Mahlzeiten wie Curry oder Omeletts. Nebenbei kann man in den vielen Kinderbüchern schmökern und diese auch kaufen.

15-10 Uguisudanichō, Shibuya-ku, www.bookcafedays.com, S-Bahn Shibuya, Di–So 12–21 Uhr

Blick auf Skytree
Kunimi Karte 2, G 3

Neben der hochwertigen Kaiseki-Küche mit Tofu lockt insbesondere der herrliche Blick auf Tokyo Skytree und den Fuji-san. Sie sollten rechtzeitig kommen und möglichst einen Fensterplatz ergattern, wobei die Chancen steigen, wenn Sie kurz vor 11 Uhr da sind und sagen, dass Sie maximal eine Stunde sitzen bleiben. Zur Mittagszeit gibt es ein Menü für 2835 ¥, das einen guten Querschnitt durch die auf Tofu basierende Kaiseki-Küche bietet. Tee aus ›Okara‹, einem Nebenprodukt bei der Tofu-Herstellung, gibt es kostenlos. Die vielen kleinen Speisen aus verschiedenen frischen und eingelegten Gemüsen, Tofu und Meeresfrüchten machen satt und wer großen Appetit hat, kann auch das etwas teurere Menü mit Tempura bestellen. Beliebig nachordern kann man Reis und die vorzügliche Miso-Suppe.

Tokyo Solamachi 31F East Yard, 1-1-2 Oshiage, www.kunimi-skytree.com, U-Bahn Oshiage, Mo–Fr 11–15 und 17–22, Sa/So 11–22 Uhr

Buffet beim Hauptbahnhof

No no Budo L 4/5

Hier können Sie am Mittag 90 Minuten lang für 1700 ¥ so viel essen und trinken, wie Sie schaffen. Zunächst hole ich mir am Salatbuffet einen Teller mit den unterschiedlichsten Gerichten. Als Getränk stehen u. a. verschiedene leckere Biofruchtsäfte zur Auswahl. Die warmen Gerichte sind typische japanische Hausmannskost. Vegetarier finden hier auf jeden Fall eine reichhaltige Auswahl, um satt zu werden, aber es gibt auch gebratenen Fisch, Hühnchen und andere Speisen. Vorwiegend Frauen machen sich zur Mittagszeit über das Buffet her, das Zeitlimit von 90 Minuten ist erst zur Hälfte abgelaufen, als ich keinen Bissen mehr hinunterbekomme und das Restaurant verlasse. Am Abend kostet das Buffet 2800 ¥ und man hat zwei Stunden Zeit.

Tokyo Bldg. Tokia 3F, 2-7-3 Marunouchi, Chūō-ku, http://budounoki.co.jp, S-Bahn Tokyo, tgl. 11–15 und 17.30–21.30 Uhr

Vegetarisches Sushi

Sushi Nova Aoyama D 7

Interessante Sushi-Varianten und insbesondere eine große Auswahl an vegetarischen Varianten findet man bei der Kette Sushi Nova. Aber Achtung: beim Gemüse-Sushi-Set war der grüne Spargel mit einem Stück Speck umhüllt. Also am besten einzeln über einen modernen Tablet-Computer ordern.

Aoyama Oval Bldg., 5-52-2 Jingūmae, Shibuya-ku, www.sushi-nova.com/en, S-Bahn Shibuya, U-Bahn Omotesandō, tgl.10–23 Uhr

HAUSMANNSKOST

Teishoku heißt das traditionelle japanische Komplettmenü, welches immer aus einem Hauptgericht, gekochtem Reis, Miso-Suppe und einigen kleinen Beilagen besteht. Es ist gesund, macht satt und ist bei der Kette **Yayoiken** auch noch besonders günstig. So bekommt man bereits für 630 ¥ mit Salz gegrillte oder in Miso-Sauce gekochte Makrele. Besonders zu empfehlen ist der ›Sixteen-grain rice‹ als Beilage. Auch um einmal ein japanisches Frühstück zu probieren, eignet sich diese Kette gut, da die meisten der 90 Filialen im Großraum Tokyo bereits morgens öffnen. www.yayoiken.com.

Yuba & Tofu in Ueno

Ume no Hana Karte 2, C 4

Das Restaurant befindet sich direkt am Ausgang A4 der Station Ueno Okachimachi gegenüber dem Kaufhaus Matsuzakaya, nehmen Sie den Fahrstuhl in den fünften Stock. Für ein mehrgängiges Menü mit vielen verschiedenen kleinen Gerichten auf vorwiegend Tofu-Basis sollten Sie auch am Mittag mindestens 90 Minuten einplanen. Menüs am Mittag ab 2050 ¥.

Suzunoya Bldg. 5F, 1-20-11 Ueno, U-Bahn Ueno-Okachimachi, tgl. 11–15 und 17–21 Uhr

Fermentierter Vollkornreis

Yuwaeru Karte 2, E 4

Betreten Sie das Restaurant über den Laden und kommen Sie möglichst pünktlich, denn ab 11.30 Uhr füllen sich

Sushi Noike ist bekannt für Sushi vom Meeraal.

die Plätze schnell. Nehmen Sie sich am Eingang eine Holzplakette, um damit Ihren Platz zu reservieren. Am Tresen wählen Sie aus 4–5 Hauptgerichten und nehmen selbst entweder einen Teller mit drei kleinen Beilagen oder alternativ zwei von den kleineren Schüsseln. Des Weiteren bekommt man Miso-Suppe (zwei zur Auswahl) und natürlich den leckeren fermentierten Vollkornreis mit roten Bohnen, für den das Yuwaeru bekannt ist. Das Mittagsmenü kostet 850 ¥. Erfreulicherweise ist das Rauchen im Restaurant nicht gestattet, darauf weist ein Schild mit einem Sumo-Ringer und dem Schriftzug »No Sumoking« in humorvoller Weise hin.

2-14-14 Kuramae, Taitō-ku, www.yuwaeru.co.jp, U-Bahn Kuramae, Mo–Sa 11.30–14, Mo–Fr 17.30–22.30, Sa 17–21.30 Uhr

INSTITUTIONEN UND SZENETREFFS

Reis im Eisentopf in Asakusa

Asadori Karte 2, F 3

Direkt bei der Nakamise-Dōri befindet sich das alteingesessene Spezialitätenrestaurant für *kama-meshi*. Bei diesem Gericht werden in einem Eisentopf wahlweise Meeresfrüchte, Hühnchen oder Pilze auf einem Reisbett gedünstet. Es wird generell immer frisch auf Bestellung zubereitet, weshalb man circa 20–30 Minuten warten muss. Am besten schmeckt die Reiskruste am Rand des Topfes.

1-31-2 Asakusa, Taitō-ku, http://asa-kusa.jp/asadori, U-Bahn Asakusa, tgl. 11–21 Uhr

24h-Sushi in Roppongi

Itamae Sushi G 7

Das Restaurant der in Tokyo beliebten Kette nahe der Roppongi-Kreuzung hat eine englische Karte, Sitze für Nichtraucher und klassische Sushi-Menüs ab 1382 ¥. Meine Empfehlung für den größeren Hunger ist die ›Finest Sushi Combo‹ für 2138 ¥ mit kleinem Salat und Miso-Suppe. Der aufmerksame Kellner fragt mich bei der Bestellung, ob ich Wasabi (Meerrettich) im Sushi möchte.

3-13-9 Roppongi, Minato-ku, www.itamae.co.jp, U-Bahn Roppongi, rund um die Uhr geöffnet, kostenfreies WLAN

Aal-Spezialitäten in Ueno

Izuei Honten Karte 2, C 3

Das Hauptgeschäft des berühmten Unagi-Restaurants liegt direkt an der

Ecke zum Ueno-Park, und mit etwas Glück bekommt man im 7. Stock einen Fensterplatz mit herrlichem Blick über den See. Falls man nur 2160 ¥ ausgeben möchte, dann kann man zwischen 11 und 14 Uhr ein vergünstigtes Menü wählen (nur kleine Portion und auf 20 Stück pro Tag begrenzt). Meine Empfehlung ist jedoch die Box mit mittlerer Größe (150 g) für 3780 ¥.
2-12-22 Ueno, Taitō-ku, www.izuei.co.jp, U-Bahn Ueno-Okachimachi, tgl. 11–21.30 Uhr

Spieße selbst frittieren
Kushiya Monogatari C 2
All-you-can-eat für 70 Minuten zahlt man am Mittag an normalen Wochentagen 1500 ¥ (ohne MwSt. – die Preise auf den Speisekarten werden oft ohne MwSt. angegeben) und kann sich dann bei den Kushiage-Spießen mit Gemüse, Fleisch und Fisch sowie am Buffet beliebig oft bedienen. Die Spieße frittiert man selbst im heißen Fett am Tisch, die Bratzeiten für die verschiedenen Spieße finden Sie auch auf Englisch links von der Eingangstür. Zunächst wälzt man die Spieße in einer weißen Flüssigkeit und dann in der Panade. Neben Kushiage-Spießchen gibt es auch noch Curry, ein Salatbuffet sowie ein großes Dessertbuffet und Softeis. Für beliebig viele alkoholfreie Getränke zahlt man 200 ¥. Nach einer Stunde bin ich satt und glücklich und mein Geldbeutel ist um 1836 ¥ (der Preis inkl. MwSt.) leichter. Das Restaurant ist hell und modern im klassischen japanischen Stil eingerichtet. Besonders praktisch sind die Körbe unter den Stühlen, wo man sein Gepäck, aber auch die Jacke vor dem Frittiergeruch schützen kann.
Shinjuku Toho Bldg. 1F, 1-19-1 Kabukicho, Shinjuku-ku, U-/S-Bahn Shinjuku, tgl. 11–22.30 Uhr

Bester Meeraal
Sushi Noike Karte 2, B 1
Der Sushi-Laden ist leicht an dem blauen Stoffvorhang und den beiden Puppen im Fenster zu erkennen und befindet sich gegenüber dem Badehaus Asahi Yu. Sushi Noike besteht seit über 50 Jahren und ist bekannt für allerbesten Meeraal-Sushi (Anago). Auch alle anderen Sushi-Sorten sind äußerst schmackhaft und frisch. Bei Chirashi (Fischstücke auf einer Schüssel mit Reis) gibt es mehrere Stufen, meine Empfehlung ist die Variante für 1900 ¥. Am besten jedoch bestellen Sie das Nigiri-Set für 2500 ¥ mit drei kleinen Stückchen vom Meeraal.
3-2-3 Yanaka, Taitō-ku, www.sushi-noike.com, U-Bahn Sendagi, Do–Di 11.30–14 und 16.30–22 Uhr

Tempura-Institution in Shinjuku
Tsunahachi C 3
Eines der besten Tempura-Restaurants in Tokyo. Als Vegetarier können Sie das Menü Zen für 2300 ¥ auch nur mit Gemüse bekommen. Tempura ist eine Zubereitungsmethode, bei der die Zutaten frisch in einem Teigmantel frittiert werden. Frisch bedeutet, dass Garnelen und Fische aus dem Aquarium noch lebend auf den Arbeitsplatz des Koches kommen, um zubereitet zuwerden.
3-31-8 Shinjuku, Shinjuku-ku, www.tunahachi.co.jp, U-/S-Bahn Shinjuku, tgl. 11–22 Uhr

Nudelsuppen in Roppongi
Udon Kurosawa G 8
Direkt südlich von Tsutaya Books und dem Supermarkt Lincos befindet sich das nach dem berühmten japanischen Filmemacher Akira Kurosawa benannte Udon-Restaurant. Im Innern des auf Udon-Nudeln spezialisierten Restaurants sitzt man gemütlich im Stil eines alten japanischen Hauses an Tischen oder am Tresen, wo man den Köchen bei der Zubereitung der hochwertigen kalten und warmen Udon-Gerichte zuschaut. Außerdem gibt es Oden, eine spezielle Art Eintopf, und eine große Getränkeauswahl, weshalb es sich auch abends gut zum Ausgehen eignet.
6-11-16 Roppongi, Minato-ku, www.9638.net/udon, U-Bahn Roppongi oder Azabu-juban, Mi–Mo 11.30–15 und 17–23 Uhr

Japanische Currygerichte
Yamituki Curry H 1
Gerade mal zwölf Hocker reihen sich an der Theke in diesem sehr

schmalen Restaurant in Laufweite des Iidabashi-Bahnhofs. Es gibt vier weitere Filialen in Tokyo in verschiedenen Stadtteilen. Das vietnamesische Personal hier bereitet ganz vorzügliches Curry zu. Sie können für 730 ¥ unter drei verschiedenen Currys wählen, dazu gibt es einen kleinen Blattsalat. Natürlich gibt es auch vegetarisches Curry. Es gibt große und kleine Portionen Reis (kostet gleich viel) und man hat fünf verschiedene Schärfestufen zur Wahl.

2-11-12 Fujimi, Chiyoda-ku, http://syoku shindou.jp, U-/S-Bahn Iidabashi, tgl. 11–23, Mittagsmenü tgl. 11–15 Uhr

EXPERIMENTIERFREUDIG UND UNGEWÖHNLICH

Café für Videospielfans

Café Artnia D 2

Im Café Artnia beim Square Enix (Hauptquartier der Videospielfirma Enix) ist Dragon Quest und Final Fantasy das Hauptthema. Bestellen Sie einen Original Latte mit einem Bild von Slime oder essen Sie einen Pfannkuchen in der Form von Slime. Interessant auch das Gebäude des Cafés mit seiner futuristisch gestalteten ovalen Form.

6-27-30 Shinjuku, Shinjuku-ku, www.jp.square-enix.com/artnia, U-Bahn Higashi-Shinjuku, tgl. 11–22 Uhr

RESTAURANTFÜHRER

Wer sich für kulinarische Erlebnisse in Tokyo interessiert, dem empfehle ich das Buch »Genießen in Tokio – 100 Restaurants und Cafés« von Axel Schwab.

Giftiger Kugelfisch

Geunpin Fugu H 1

Hier können Sie ganze Menüs mit Kugelfisch für 3980–9200 ¥ essen. Falls Sie aber nur mal ein bisschen vom Fugu probieren möchten, gibt es bereits für 1274 ¥ Fugu-Sashimi, zusammen mit Cover Charge (Gedeck) und einem Getränk müssen Sie also mit mindestens 2000 ¥ kalkulieren. Fugu selbst hat keinen großen Eigengeschmack, weshalb man ihn mit Sojasoße gemischt mit Schnittlauch, Rettich und Zitrone würzt.

5-35, Kagurazaka, Shinjuku-ku, www.tettiri.com, U/S-Bahn Iidabashi, Mo–Fr 12–14 und 17–22, Sa/So 12–22 Uhr

Knusprige Teigkugeln

Gindaco C 6

Was für den Deutschen die Currywurst, ist für den Japaner Takoyaki: kleine Stücke gekochter Oktopus in einer Teigkugel mit knuspriger Hülle. Darüber wird Takoyaki-Sauce, Algen, Thunfischflocken und roter Ingwer gegeben. Allein im Großraum Tokyo gibt es circa 100 Filialen, meistens in Bahnhofsnähe. Direkt vor dem Ausgang 3 der Station Meijijingūmae befindet sich eine Filiale, mit großen Take-out-Schaltern. Wer sitzen möchte, fährt mit dem Fahrstuhl ein Stockwerk nach oben und findet dort genügend Sitzplätze. An seinem speziellen Grill sitzend, kann man den Mitarbeitern dabei zuschauen, wie immer frisch die Flüssigkeit in die runden Formen gegeben und mit einem kleinen Stäbchen und viel Geschick zu knusprigen Kugeln geformt wird. Takoyaki sollte man immer frisch genießen. Ab 550 ¥ für 6 Stück.

Toshikazu Bldg. 1-2F, 1-14-24 Jingūmae, Shibuya-ku, www.gindaco.com, S-Bahn Harajuku, tgl. 11–22 Uhr

Regenbogenspaghetti

Kawaii Monster Café C 6

Ein neues hippes Café, das von dem japanischen Künstler Sebastian Masuda gestaltet wurde. Kommen Sie am besten noch vor 11.30 Uhr. Sie werden dann zwar eine lange Schlange vorfinden, aber länger als 30 Minuten sollte es eigentlich nicht dauern, bis alle wartenden Gäste zu ihrem Platz geführt werden. Mit Zuckerguss überzogene Häschen und Einhörner auf einem Karussell, verschiedene Räume mit bunten Pilzen, riesigen Macaron-Baiserkeksen an den Wänden und Bedienungen in ausgefallenen Kostümen. Das Essen sieht hier nicht nur schön bunt aus, es schmeckt sogar. Meine Empfehlungen sind der Salat und die Rainbow-Spaghetti mit leckeren Soßen, optional dazu noch einen Nachtisch. Pro Person muss ein Gericht und ein Getränk bestellt werden, rechnen Sie mit ca. 3000 ¥ pro Person inklusive Cover Charge (500 ¥).

YM Square Building 4F, 4-31-10 Jingūmae, Shibuya-ku, http://kawaiimonster.jp, S-Bahn Harajuku, tgl. 11.30–22 Uhr

Sushi mit Pferde- und Rindfleisch

Nikuzushi Kagurazaka H 1

Vom Ausgang B4b der U-Bahn geradeaus über die Straße in die kleine Gasse laufen, nach circa 50 m markiert ein weißes beleuchtetes Schild mit grüner Schrift den Eingang zu einer kleinen Sackgasse. Wenn Sie dort hinunterlaufen, stoßen Sie kurz vor dem Ende auf der rechten Seite auf das kleine Restaurant. Am Tresen unten haben lediglich sechs Personen Platz. Mit etwas Glück finden Sie im Obergeschoss, das Sie über eine steile Treppe erreichen, noch Platz. Ich lasse mir vom Wirt einen Sake empfehlen und wähle zunächst zwei Sorten Pferde-Sushi, dann Zunge und Roastbeef vom Rind und zum Abschluss nehme ich Maki-Rollen mit Huhn.

Michikusa Yokochō, 1-14 Kagurazaka, Shinjuku-ku, www.facebook.com/nikusushi kagurazaka, U-/S-Bahn Iidabashi, Mo–Sa 17–4, So 16–0 Uhr

Frischer Fisch beim Fischhändler

Takamaru B 2

Zur Mittagszeit muss man im Restaurant Takamaru unten am Eingang beim Fischhändler sein Essen bestellen, bezahlen und geht dann über die Treppe ins Obergeschoss. Mittags gibt es keine englische Karte, aber wenn Sie rohen Fisch lieben, empfehle ich das ›Takamaru Teishoku‹ für 1580 ¥ (mit MwSt. 1716 ¥). Der Fisch ist sehr frisch, die Miso-Suppe kräftig und mit Fischstücken. Am Abend bestellen Sie am Tisch von der zweisprachigen Karte. Holztische und -hocker sind für diese Art von Restaurants authentisch, aber auf Dauer nicht bequem – was Sie jedoch mit viel Sake (Reiswein), Shōchū (Schnaps) oder Bier kompensieren können.

7-12-3 Nishishinjuku, Shinjuku-ku, U-/S-Bahn Shinjuku, Mo–So 11–23.30 Uhr

Ü ÜBRIGENS

Wagashi sind Süßigkeiten für die Teezeremonie, die man in speziellen Läden kauft und zu Hause verzehrt. Besonders originelles Wagashi gibt es bei Edo Usagi. Die Süßigkeit aus Erdbeeren, süßer Bohnenpaste und Mochi sieht aus wie ein Gesicht mit herausgestreckter Zunge und schmeckt am besten gekühlt. Leider gibt es bei Edo Usagi nichts zu trinken, kaufen Sie sich etwas beim Supermarkt schräg gegenüber. 2-14-11 Nishi-Nippori, Arakawa-ku, www.omiyage-daito.com, Mo–Sa 9–18 Uhr.

Monja in Tsukishima

Oshio N 7

Das Restaurant liegt direkt in Monjatown, einem Straßenzug auf der Insel Tsukushima in der Bucht von Tokyo. Es ist einfach mit der U-Bahn zu erreichen (Oedo- und Yurakucho-Linie), und man kann hier sehr authentisch Monja, Okinomiyaki, Yakisoba, Teppanyaki und Crêpes genießen. Alles bereitet man selbst am Tisch auf einer heißen Platte zu, und dank einer englischsprachigen Speisekarte und der bebilderten Anleitung kann eigentlich nichts schiefgehen, und falls doch, ist das Personal sehr hilfsbereit. Sollte das Restaurant voll sein, gibt es von der gleichen Kette noch vier weitere Zweigstellen in Laufweite.

1-21-5 Tsukishima, Chūō-ku, U-Bahn Tsukishima, tgl. 11–22 Uhr

Rund um die Uhr shoppen ...

Japaner sind die wahren Shopping-Weltmeister, denn das Einkaufen ist eine ihrer liebsten Freizeitbeschäftigungen. Natürlich ist Service alles, und so haben die großen Shopping-Tempel an allen Tagen der Woche geöffnet. Kleinere Geschäfte schließen nicht am Sonntag, sondern haben dafür meistens an einem Wochentag geschlossen, oft aber nicht immer am Montag. Im Buchladenviertel Jimbocho oder in der Kappabashi-Dōri in Asakusa machen viele Händler sonntags zu.

Sehr bequem sind die vielen Convenience-Stores, die es in Tokyo an jeder Ecke gibt. Sie versorgen die Kunden rund um die Uhr mit Lebensmitteln und wichtigsten Artikeln des täglichen Bedarfs, aber auch Donuts und frisch gebrühtem Kaffee.

Sicherlich kennen Sie den Spruch »Der Kunde ist König« – in Japan heißt es »Der Kunde ist Gott«. Wenn Sie einmal im Kaufhaus ein Geschenk kaufen und sich einpacken lassen, werden Sie schnell verstehen, was damit gemeint ist. Oder gehen Sie einmal kurz vor Öffnung zu Isetan in Shinjuku oder Mitsukoshi in Nihonbashi und beobachten Sie die freundliche Begrüßung der Angestellten, die in der Nähe des Haupteingangs die ersten Kunden empfangen. Wenn Ihr Zug einmal Verspätung hat, dann dürfen Sie eine Entschuldigung mit tiefer Verbeugung von den Bahnangestellten erwarten.

ZUM SELBST ENTDECKEN

Ob nun eher die **Chūō-Dōri** in der Ginza oder doch die **Omotesandō** die Tokyoter Luxusmeile ist, darüber lässt sich streiten. In beiden Straßen gibt es aber nicht nur die bekannten internationalen Edelboutiquen, sondern auch große Kaufhäuser oder Einkaufszentren, wie die Omotesandō Hills. Genauso finden Sie aber auch kleinere Läden zum Souvenir-Shopping, insbesondere in den Seitenstraßen der Ginza und in der **Cat-Street,** einer Querstraße der Omotesandō.

Prada in Aoyama: Extravaganz auch in der Architektur

BÜCHER, ELEKTRONIK UND MUSIK

Bücher in Shinjuku
Kinokuniya C 2

Die größte Auswahl an englischen Büchern finden Sie im 6. Stock bei Kinokuniya in Shinjuku, direkt südlich vom Kaufhaus Takashimaya. Bemerkenswert: Es gibt dort sogar eine Ecke mit mehreren Regalen mit deutschsprachigen Büchern, wo Sie Ihre Reiseliteratur erweitern können.

Takashimaya Times Square, 5–24–2 Sendagaya, Shibuya-ku, www.kinokuniya.co.jp, U/S-Bahn Shinjuku, tgl. 10–20.30 Uhr

Nur ein Buch
Morioka Shoten Ginza M 5/6

Etwas abseits von der Ginza wagt der Verleger Yoshiyuki Morioka ein sensationelles Experiment. Er betreibt seit Mai 2015 einen Buchladen, der sich für eine Woche nur auf ein Buch konzentriert. Das Motto des Ladens ist »Ein Raum, ein Buch«. Begleitet wird das Ganze meistens mit einer Ausstellung und Veranstaltungen, bei denen man mit den Autoren in Kontakt treten kann.

Suzuki Bldg., 1-28-15 Ginza, Chūō-ku, www.moriokashoten.com, U-Bahn Shintomicho, Di–So 13–20 Uhr

Architektur und mehr
Nanyodo K 2

Der kleine, aber feine Buchladen hat sich ganz auf Bücher und Zeitschriften zu Architektur und Stadtplanung spezialisiert. Neben neuen Titeln gibt es auch eine sehr gute Auswahl an antiquarischen Büchern über japanische und internationale Architekten. Bei meinem letzten Besuch fand ich einige seltene und vergriffene Architektur-Zeitschriften.

1-21 Kanda-Jinbōchō, Chiyoda-ku, www.nanyodo.co.jp, U-Bahn Jimbocho, Mo–Sa 10–19 Uhr

Elektronik
Bic Camera L 5

Bereits von der U-Bahn kommend betritt man das Hauptgeschäft der Elektronikkette Bic Camera über das zweite Untergeschoss mit einer riesigen Auswahl an Kameras. Darüber erheben sich sieben weitere Stockwerke mit Uhren, Mobiltelefonen, Computern, Haushaltsgeräten und weiteren unzähligen Elektronikartikeln. Das Geschäft gewährt beim Einkauf Rabatte auf den nächsten Einkauf. Dazu muss man die angebotene Kundenkarte annehmen und kann die gewährten Punkte noch am selben Tag einlösen.

1-11-1 Yūrakuchō, Chiyoda-ku, www.biccamera.com, U/S-Bahn Yūrakuchō, tgl. 10–22 Uhr

Größter Musikladen
Tower Records C 7

Das prägnante Gebäude des CD-Ladens, angeblich einer der größten in der Welt, findet man nur 300 m von der berühmten Shibuya-Kreuzung entfernt. In Japan überlebte Tower Records den Bankrott der amerikanischen Mutter, da es bereits 2002 von ihr unabhängig wurde. Im ersten Stock (2F) gibt es das beliebte Tower Records Cafe und bei Tower Books auch Bücher.

1-22-14 Jinnan, Shibuya-ku, http://tower.jp/store/Shibuya, U/S-Bahn Shibuya, tgl. 10–23 Uhr

BUCHLADEN-VIERTEL JINBŌCHŌ

Der Bahnhof Jinbōchō liegt mitten im Buchladenviertel von Tokyo: Entlang der breiten Yasukuni Dōri erstreckt sich das Buchladenviertel Kanda Shoten-Gai. Unzählige kleine und große Läden verkaufen für wenig Geld alte Groschenromane oder auch sehr teure und rare alte Bücher. Fans japanischer Holzschnitte (Ukiyo-e) finden hier viele alteingesessene Geschäfte mit einem großen Angebot, teilweise sind die Preise günstiger als in Deutschland. Die meisten Buchhandlungen haben Di–Sa 10–18 Uhr geöffnet.

DELIKATESSEN UND LEBENSMITTEL

Japans erster Bäcker
Kimuraya L 6

Wenn ich die Bäckerei in der Ginza besuche, kaufe ich mir immer im Erdgeschoss ein Melonenbrot (Melonpan), um mir dann im Café im Obergeschoss einen Espresso dazu zu bestellen (Melonpan 227 ¥, Espresso 760 ¥). Es gibt außerdem Brot, wie Sie es von Deutschland gewohnt sind, und eine große Kuchenauswahl. Die Bäckerei wurde übrigens 1874 von Yasube Kimura gegründet, der vom Samurai auf Bäcker umschulte und die japanische Spezialität Anpan erfand, ein mit süßer Bohnenpaste gefülltes Brötchen. Es ist die erste Bäckerei westlichen Stils in Japan.

4-6-16 Ginza, Chūō-ku, www.ginzakimuraya.jp, U-Bahn Ginza, tgl. 10–21 Uhr

Suppenladen
Ninben M 3

Seit 1699 handelt Ninben mit Katsuobushi, die in Deutschland wohl eher unter dem Namen Bonitoflocken bekannt sind. Kaufen Sie hier eine Tüte mit den Flocken des getrockneten und geräucherten Thunfischs, um damit zu Hause einen vorzüglichen Suppenfond (Dashi) für Ihre Misosuppe zu kochen. Probieren können Sie Dashi und andere Speisen an einem Take-out Counter im Laden, der bezeichnenderweise Dashi-Bar genannt wird.

COREDO Muromachi 1, 2-2-1 Nihonbashimuromachi, Chūō-ku, www.ninben.co.jp, U-Bahn Mitsukoshi-mae, tgl. 10–20 Uhr

Bestes Eis
Ouca Karte 3, A 1

Ouca ist mein Lieblingseisladen in Tokyo, da er hauptsächlich ganz spezielle japanische Eissorten anbietet. Sorten mit der japanischen Zitrusfrucht Yuzu, mit Tofu-Geschmack, Sojabohnenpulver mit braunem Zucker, Matchapulver, Honig mit salzigen Pflaumen, Süßkartoffeln oder schwarzem Sesam sind überraschend schmackhaft. Verschieden große Becher kosten zwischen 400 und 1280 ¥, wobei Sie je nach Größe drei oder vier Sorten auswählen können. Zum Eis bekommt man immer noch einige salzige getrocknete Algen dazu, und wenn Sie einen der wenigen Sitzplätze ergattern können, dann nehmen Sie sich noch eine Tasse Tee und trinken Sie im Laden.

1-6-6 Ebisu, Shibuya-ku, www.ice-ouca.com, U-Bahn Jimbocho, tgl. 12–23 Uhr (Sommer ab 11 Uhr)

Salzkräcker
Yanaka-Senbei Karte 2, C 1

Läuft man vom Bahnhof Nippori zur Yanaka-Ginza (► S. 42), befindet sich der Laden auf der linken Straßenseite. Der in Japan beliebte salzige Knabber-Snack aus Reis heißt Senbei. Die zunächst weißen Reiskekse werden üblicherweise über dem offenen Holzkohlefeuer geröstet und dabei mit Sojasoße und süßem Reiswein (Mirin) bestrichen, was ihren typischen salzigen Geschmack ergibt. Beliebt bei Japanern sind auch die mit Seetang umhüllten Varianten.

7-18-18 Yanaka, Taitō-ku, T 03-3821-6124, U-/S-Bahn Sendagi, Mi–Mo 9.30–18:20 Uhr

FLOH- UND STRASSENMÄRKTE

Biomarkt
Earth Day Market B 6/7

Dieser Markt findet leider nur einmal pro Monat auf der Keyaki Dōri zwischen dem NHK-Areal und dem Yoyogi National Stadium statt. Es ist immer ein Sonntag, die genauen Termine stehen auf der Website. Bauern bieten ihr Gemüse und Obst aus biologischem Anbau an, daneben gibt es einen Verkauf von Fair-Trade-Produkten, Kunsthandwerk, Stände von Handwerkern, Künstlern und Informationsstände von Non-Profit-Organisationen.

Keyaki Dōri, www.earthdaymarket.com, S-Bahn Harajuku, 10–16 Uhr

Markt am Park
Flohmarkt Yoyogi-Park
B 6

Am Yoyogi-Park findet in unregelmäßigen Abständen ein großer Flohmarkt statt, hauptsächlich werden dort gebrauchte Kleidung und Haushaltsgegenstände verkauft. Die Termine stehen auf der Website des Yoyogi-Parks, leider nur auf Japanisch. An gleicher Stelle findet einmal im Monat (meistens am letzten Sonntag) ein Antikmarkt mit 150 Händlern statt.

Yoyogi-Park, www.yoyogipark.info, S-Bahn Harajuku, Termine s. Website

Antiquitäten

Oedo-Antikmarkt L 5

Im Innenhof zwischen den Ausstellungshallen und dem imposanten Glasbau des Tokyo International Forum (► S. 23) findet jeden ersten und dritten Sonntag im Monat der Oedo-Antikmarkt statt. Der Oedo-Antikmarkt ist Japans größter Antiquitäten-Flohmarkt, der im Freien stattfindet. Circa 250 Händler bieten hier nicht etwa nur billigen Trödel, sondern teilweise auch hochwertige Antiquitäten zum Verkauf an. Bei Regen entfällt der Markt.

3-5-1 Marunouchi, Chiyoda-ku, www.antique-market.jp, S-Bahn Yurakucho, 9–16 Uhr

Sonntags in Shinjuku

Hanazono-Schrein-Flohmarkt C 2

Jeden Sonntag findet am Hanazono-Schrein in Shinjuku ein Flohmarkt auf dem Tempelgelände statt, der auch bei Touristen sehr beliebt ist. Nur bei Regen wird er üblicherweise abgesagt.

5-17-3 Shinjuku, Shinjuku-ku, http://kottou-ichi.jp, S-Bahn Shinjuku, ab 6.30 Uhr bis Sonnenuntergang

Die Straße der Süßigkeiten

Ameyoko-Straße Karte 2, C 3

Diese enge Einkaufsstraße verläuft parallel zu den Gleisen zwischen den Bahnhöfen Ueno und Okachimachi. Früher gab es hier viele Süßigkeitenläden, daher der Name Ameyoko als Kurzform von »Ameya Yokochō« (wörtlich ›Straße mit Süßigkeitenläden‹). Nach dem Zweiten Weltkrieg fand hier ein Schwarzmarkt mit amerikanischen Produkten statt. Heute kauft man hier günstig Kleidung (insbesondere Schuhe), Kosmetik, Taschen und frische Lebensmittel. Es finden sich auch einige günstige Restaurants.

www.ameyoko.net, S-Bahn Ueno, tgl. 10–20 Uhr, manche Läden mittwochs geschlossen

GESCHENKE, DESIGN, KURIOSES

Spielzeug-Himmel

Hakuhinkan Toy Park K 6

Kinderspielzeug auf fünf Stockwerken finden Sie am Ende der Ginza kurz vor der Hochstraße. Egal ob Puppen, Stofftiere, Videospiele, Puzzles, Modellautos, Holzspielzeug, hier gibt es alles, was das Kinderherz begehrt. Sehr schön ist im 2. Stock (3F) auch die Auswahl an traditionellem japanischem Spielzeug und japanischen Souvenirs.

8-8-11 Ginza, Chūō-ku, www.hakuhinkan.co.jp, S/U-Bahn Shimbashi, tgl. 11–20 Uhr

Salat und Schreibwaren

Itoya L 5

Eine riesige rote Büroklammer prangt an der Fassade, auf zwölf Stockwerken gibt es im 2015 eröffneten Schreibwarengeschäft an altbekannter Stelle in der Ginza eine riesige Auswahl an Schreibwaren. Kostproben von dem Salat, der im elften Stockwerk mit Kunstlicht angebaut wird, kann man im Café im zwölften Stock genießen. Eine halbe Portion Caesar Salad kostet allerdings schon 980 ¥. Hochwertige Papiere von dem Papierhändler Takeo und selbst aus Deutschland von der Papierfabrik Gmund am Tegernsee findet man in unendlich vielen Farben im siebten Stock. Im zweiten Stock stehen Karten aus dem gleichen hochwertigen Papier in vielen Farben zur Auswahl.

2-7-15 Ginza, Chūō-ku, www.ito-ya.co.jp, U-Bahn Ginzaitchome, Mo–Sa 10–20, So 10–19 Uhr

Kunsthandwerk

Japan Traditional Crafts Aoyama Square F 5

Traditionelles japanischen Kunsthandwerk in sehr großer Auswahl finden Sie hier etwas abseits von Roppongi nahe der U-Bahn-Station Aoyama-Itchōme.

Darunter sind in Japan handwerklich gefertigte Produkte aus Metall, Holz, Keramik und Bambus und vieles mehr. Außerdem sind hier vielfältige gefärbte und bedruckte Stoffe und die beliebten traditionellen Puppen erhältlich.
8-1-22 Akasaka, Minato-ku, www.kougeihin.jp, U-Bahn Aoyama-itchome, Fr–Mi 11–19 Uhr

Souvenir-Shopping
Matsuya Ginza L 5/6
Im sechsten Stock (7F) des Kaufhauses Matsuya an der Ginza wird eine gute Auswahl an Souvenirs, Kimonos, Geschenken und Haushaltswaren angeboten. Besonders die hübschen Akari-Lampen sind ein ideales Mitbringsel, da sie zusammengefaltet und verpackt in einem Karton gut ins Gepäck passen und nicht allzu schwer sind. Im 8F gibt es manchmal eine Kunstausstellung.
3-6-1 Ginza, Chūō-ku, www.matsuya.com/visitor/en, U-Bahn Ginza, tgl. 10–20 Uhr

Teegeschirr und Vasen
Tsutaya D 7
Alles, was man für die Teezeremonie und Ikebana braucht, hält das alteingesessene Geschäft in Aoyama vorrätig. Manches wirkt angestaubt wie aus einer anderen Zeit, aber ich mag die Atmosphäre.
5-10-5 Minami-Aoyama, Minato-ku, U-Bahn Omotesandō, tgl. 11–18.30 Uhr, 1. So und letztes Wochenende im Monat geschlossen

MODE UND ACCESSOIRES

Billige Klamotten
GU L 6
GU steht in großen gelben Lettern auf einem blauen Quadrat, der Shop befindet sich zwischen der Kreuzung mit dem berühmten Wako-Gebäude und dem Flagship-Store von Uniqlo. GU ist die Billigmarke von Uniqlo, hier kann man also noch günstiger aktuelle japanische Mode einkaufen als bei Uniqlo selbst. Ein Hemd kostet hier oftmals nicht mehr als die Reinigungsgebühr im Hotel.
5-7-7 Ginza, Chūō-ku, www.gu-japan.com, U-Bahn Ginza, tgl. 11–21 Uhr

Japan-Kaufhaus
Daimaru L 4
Das Kaufhaus östlich vom Hauptbahnhof Tokyo Station bietet im zehnten Stock (11F) eine große Auswahl an Outdoor-Artikeln und -kleidung, während man im neunten Stock (10F) schöne Souvenirs wie Kimono, *Tenugui*-Tücher und andere kleine Dinge findet. Außerdem gibt es in den Stockwerken

Bei nugoo zu haben: bedruckte japanische Stoffe, ein beliebtes Souvenir.

darunter eine kleine Abteilung von Tokyu Hands, der beliebten Do-it-Yourself-Kette. Die japanische Kaufhauskette ist stolz auf ihre über 300-jährige Geschichte.

1-9-1 Marunouchi, Chiyoda-ku, www.daimaru.co.jp, S-Bahn Tokyo, tgl. 10–20 Uhr

Kein Markenname, aber gut
MUJI L 5

Läuft man vom Tokyo International Forum unter der Yamanote-Linie beim Bahnhof Yurakucho in Richtung Ginza, kommt man zum Hauptgeschäft der Handelskette MUJI, die Kurzform von Mujirushi Ryōhin, was übersetzt ›Qualitätsprodukte ohne Markennamen‹ bedeutet. Viele dürften die MUJI-Läden kennen, die inzwischen auch in Deutschland mit Filialen vertreten sind. Verkauft werden Lifestyle-Produkte wie Kleidung, Möbel, Haushaltswaren, Schreibwaren. Hier am Hauptsitz gibt es sogar ein Restaurant, vor dem sich wegen der günstigen und leckeren Speisen immer lange Schlangen bilden. Außerdem kann man Fahrräder ausleihen.

3-8-3 Marunouchi, Chiyoda-ku, www.muji.com, S-Bahn Yurakucho, tgl. 10–21 Uhr

Stofftücher
nugoo L 4

Im KITTE-Gebäude beim Hauptbahnhof im 3. Stock (4F) gleich links vom Stationmaster's Office im kleinen Laden der Firma nugoo aus Kamakura kaufe ich gerne die hübsch bedruckten japanischen Stofftücher *Tenugui.* Sie können für unterschiedlichste Dinge verwendet werden, hervorragend geeignet als kleines Geschenk aus Japan. Lassen Sie sich pro gekauftem Tuch gleich auch eine der schönen englischen Beschreibungen geben.

KITTE Marunouchi 4F, 2-7-2 Marunouchi, Chiyoda-ku, www.nugoo.jp, S-Bahn Tokyo, Mo–Sa 10–21, So 10–20 Uhr

Kyoto-Design
Sou Sou E 7

Der Laden des Designstudios aus Kyoto ist bekannt für seine herrlich bedruckten Stoffe. In Anlehnung an traditionelle japanische Bekleidung findet man hier die kimonoähnlichen Bademäntel *Yukata,* die beliebten *Tabi*-Socken und sogar Schuhe, bei denen es für die großen Zehen eine extra Aussparung gibt. Ein ideales Souvenir sind hier die kleinem bunt bedruckten Taschentücher oder die größeren *Tenugui,* die gerne auch zum Verpacken von Geschenken verwendet werden.

5-4-24 Minamiaoyama, Minato-ku, www.sousou.co.jp, U-Bahn Omotesandō, tgl. 11–20 Uhr

Ü
ÜBRIGENS

Bei größeren Einkäufen lohnt sich der **zollfreie Einkauf.** Üblicherweise wird in Kaufhäusern bei Beträgen über 10 001 ¥ bzw. bei Kosmetik oder Lebensmitteln ab 5001 ¥ die Mehrwertsteuer an einem besonderen Schalter, dem Tax Refund Counter, zurückerstattet. So können Sie – Vorlage des Reisepasses erforderlich – zollfrei einkaufen, sparen also 8 % Mehrwertsteuer.

Zeitlose Mode
Uniqlo L 6

Futuristisch mit seinen drehenden Schaufensterpuppen und LED-Flächen gibt sich der Flagship-Store von Uniqlo. Der Laden erstreckt sich über zwölf Stockwerke und ist somit der größte in Japan. Man gibt sich im Flagship-Store gerne kosmopolitisch – circa 20 % des Personals sind keine Japaner. Nicht ständig wechselnde Kollektionen, sondern möglichst einfache, ja geradezu puristisch gestaltete meist unifarbene Kleidung, die zeitlos ist und damit nie aus der Mode kommt, sind das Markenzeichen von Uniqlo. In der Kinderabteilung im siebten Stock gibt es hinten einen Übergang ins Nachbargebäude, dort befinden sich weitere Modeläden und das Café Rose Bakery.

6-9-5 Ginza, Chūō-ku, www.uniqlo.com, S-Bahn Yurakucho, tgl. 11–21 Uhr

Wo Tokyo nie schläft ...

Japaner gehen am liebsten in größeren Gruppen mit Kollegen von der Arbeit, Schulfreunden oder Kommilitonen aus. Man trifft sich zunächst in einem Izakaya – diese japanischen Kneipen eignen sich hervorragend, um viele verschiedene Gerichte auszuprobieren.

Man bestellt gemeinsam und stellt das Essen in die Mitte, dann nimmt sich jeder etwas auf seinen kleinen Teller. Falls man die Getränke nicht im Glas bestellt hat, schenkt man sich Bier, Sake, Wein usw. immer gegenseitig in kleine Gläser ein – selbst einschenken ist hier verpönt. Nach ungefähr zwei Stunden wird der Rechnungsbetrag durch die Zahl der Anwesenden geteilt und das Geld zum Bezahlen eingesammelt. Dann geht es noch in kleineren Gruppen weiter in eine Bar oder zum Karaoke, während sich manche mit längerem Nachhauseweg schon verabschieden, um noch rechtzeitig den letzten Zug zu erreichen.

Gegen Mitternacht fahren in Tokyo die letzten S- und U-Bahnen, deshalb ist es ratsam, sich bei der Hotelbuchung zu überlegen, wo man am Abend ausgehen möchte, um hohe Taxikosten zu vermeiden. Ein Tokyo-Aufenthalt ist auch eine gute Gelegenheit, einmal die vielfältigen Spirituosen Japans zu genießen. Ganz egal ob Bier von kleinen Brauereien, Sake, Shōchū (Schnaps), Awamori oder auch Whisky aus Japan, der international immer mehr Beachtung findet, für jeden Geschmack findet sich eine passende Kneipe.

Beliebte Stehkneipe in Shinjuku: Horomon Yokochō

ZUM SELBST ENTDECKEN

Roppongi ist das beliebte Ausgehviertel der internationalen Community. In den unzähligen Bars und Clubs haben meistens auch Touristen ohne Einschränkungen Zutritt.

Shibuya und **Harajuku** sind beliebt bei der Jugend, und das nicht nur deswegen, weil es dort viele Love-Hotels gibt. Mein Geheimtipp für einen Abend ohne Reservierung sind die Kneipen im Maruyamachō (► S. 57).

Shinjuku ist das größte Ausgehviertel in Tokyo. Östlich des Bahnhofs liegt das Rotlichtviertel **Kabuki-chō** mit vielen Nachtclubs, Hostessen-Bars und kleinen Kneipen, wo oft nur Stammgäste willkommen sind. Etwas weiter östlich liegt **Shinjuku Ni-chōme,** das Gay-Viertel.

BARS UND KNEIPEN

Awamori aus Okinawa

A Sign Bar westl. A 7

Die Bar in Shimokitazawa ist leicht an dem großen roten A-Schild über dem Türeingang zu erkennen. Eine riesige Auswahl Schnaps aus Okinawa, 50 Sorten Awamori, gibt es hier, 18 davon stehen in schönen alten Tongefäßen, wie sie früher zur Aufbewahrung verwendet wurden, direkt an der Theke. Meeresrauschen, Sand, Muscheln und andere Dekorationen tragen dazu bei, dass man sich fast so fühlt, als wäre man in Okinawa. Die Empfehlung des Barkeepers für Awamori-Einsteiger ist Manza, der sehr leicht zu trinken ist. Wenn man etwas mehr Süße und Tiefe möchte, dann ist Shigure eine gute Wahl. Hier werden noch ganz konventionell Platten aufgelegt, und ein- bis zweimal im Monat kommt ein DJ (Schwerpunkt House, Reggae und JP-Pop).

2-7-7 Kitazawa, Setagawa-ku, U-Bahn Shimokitazawa, tgl. 19–4, 19–21 Uhr keine Cover Charge (500 ¥), Getränke ab 500 ¥, Snacks ab 300 ¥

Institution in Shinjuku

Donzoko C 3

Unweit des U-Bahnhofs Shinjuku-sanchōme fällt diese Bar in einer kleinen Seitenstraße durch die mit Efeu überwucherte Fassade sofort auf. Innen sieht es noch genauso aus wie 1955 und insbesondere Maler, Schauspieler und Musiker sind hier Stammgäste. Probieren Sie das fantastische ›Hayashi-san's rice‹ oder die Cocktailspezialität ›Donkaku‹.

3-10-2 Shinjuku, Shinjuku-ku, www.donzoko.co.jp, U-Bahn Shinjuku-sanchome, tgl. 17–0.30 Uhr

Beliebte Gay-Bar

Dragon Men D 3

In diese Bar in Shinjuku 2-chōme (oder -nichōme) kommen Ausländer und Japaner, und auch Frauen sind hier willkommen. Am Wochenende ist immer viel los und die sportlichen jungen Kellner tragen lediglich Unterwäsche.

2-11-4 Shinjuku, Shinjuku-ku, U-Bahn Shinjuku-sanchome, Mo–Do, So 19–3, Fr/Sa 19–5 Uhr

Hotelbar mit Aussicht

Peter: The Bar K 5

Die Bar im 24. Stock des Peninsula Hotel Tokyo, das sich direkt an der Ecke zum Kaiserpalast befindet, bietet eine phänomenale Aussicht. Wenn Sie zur Happy Hour kommen (17–20 Uhr), können Sie alle Cocktails und kleinen Gerichte für lediglich 800 ¥ bestellen (zuzüglich 15 % Service Charge).

1-8-1 Yurakucho, Chiyoda-ku, S-Bahn Yurakucho, So–Do 12–24, Fr/Sa 12–1 Uhr

Beste Bier-Bar

Popeye O 2

Eine größere Auswahl an Bier (über 79 Sorten), hauptsächlich von kleinen japanischen Brauereien, aber auch einige aus Europa und Amerika werden Sie in Tokyo nirgendwo finden. Meine Empfehlung: Probieren Sie eines der hervorragenden japanischen Weizenbiere. Außer Bier gibt es auch gutes Essen auf Restaurantniveau, und was mir bei meinem Besuch besonders gefallen hat: Das Popeye ist ein komplettes Nichtraucherlokal.

2-18-7 Ryogoku, Sumida-ku, www.70beersontap.com, S-Bahn Ryogoku, Mo–Sa 17–23.30 Uhr

Blicke über Shinjuku

Roof top bar & terrace G C 2

Von der Roof top bar & terrace G des Granbell Hotels hat man einen herrlichen Ausblick über das Viertel Kabuki-chō hinüber zu den Wolkenkratzern von Nishi-Shinjuku. Genießen Sie bei einem Snack und einem Cocktail, Whisky oder einem anderen Drink die Aussicht – insbesondere natürlich im Sommer ein sehr beliebter Ort und eine der besten Dach-Bars in Tokyo.

2-14 Kabukicho, Shinjuku-ku, U-Bahn Higashi-Shinjuku, tgl. 17–4 Uhr

PechaKucha Night und mehr

Super Deluxe F 7

Hier findet einmal im Monat die von den Architekten Astrid Klein und Mark Dytham erfundene »PechaKucha Night« statt. Dabei halten meist junge Künstler, Designer und Architekten bisweilen witzige und schräge Kurzvorträge mit 20 Bildern, die jeweils nur 20 Sekunden gezeigt werden. Außer dieser Veranstaltung gibt es auch weitere wechselnde Veranstaltungen, die auf der Website angekündigt werden.

B1F 3-1-25 Nishi-Aazabu, Minato-ku, www.super-deluxe.com, U-Bahn Roppongi

British Pub in Shibuya

The Aldgate ✪ B 7

Direkt gegenüber dem Drehteller eines Parkhauses ist das Lokal dank einer englischen Flagge am Gebäude nicht zu übersehen. Mit dem Fahrstuhl fährt man ins Stockwerk 3F. Das Pub ist absolut rauchfrei, und falls Sie hungrig sind, wählen Sie zum Beispiel eine riesige Portion Fish & Chips für 1200 ¥, die zur Not auch zwei Personen satt macht. Auch sehr lecker ist die Cornish Pasty, eine Pastete gefüllt mit Fleisch und Kartoffeln (1000 ¥). Bei den Bieren zu empfehlen ist das Aldgate Ale, das in Japan gebraut wird. Wer mehr auf Indian Pale Ale steht, sollte unbedingt das Preston IPA probieren, und für Fans deutschen Bieres gibt es sogar Erdinger Weiße.

30-4 Udagawacho, Shibuya-ku, www.the-aldgate.com, S/U-Bahn Shibuya, Mo–Fr 18–2, Sa/So 17–2 Uhr

Japanischer Schnaps

Tokyo Shochu Bar Gen ✪ D 7

Zwei Häuser hinter dem Family Mart befindet sich die Bar im Untergeschoss und ist durch ein Leuchtschild auf der Straße, das auch in Englisch beschriftet ist, zu erkennen. 5000 unterschiedliche Sorten Shochu und 1000 unterschiedliche Sorten Umeshu findet man aufgereiht in der Bar, wo selbst die Decke noch mit Etiketten des Japan-Schnapses dekoriert ist. Gut verträglich ist nach Auskunft der Barkeeperin der aus Süßkartoffeln gebraute Schnaps. Im Winter trinkt man ihn üblicherweise mit heißem Wasser (Oyuwari) und im Sommer mit kaltem Wasser (Misuwara). An Werktagen mit wenig Betrieb kann es sein, dass die Bar bereits um 22 Uhr schließt, falls keine Gäste mehr da sind.

2-9-10 Shibuya, Shibuya-ku, S/U-Bahn Shibuya, Mo–Mi und So 17–24, Fr/Sa 17–5 Uhr, Cover Charge 525 ¥

Japanischer Whisky

Bar Zoetrope ✪ B 2

Gegenüber der Izakaya Isomaru Suisan ist die Whisky-Bar im zweiten Obergeschoss (3F, Fahrstuhl) leicht am roten Schild zu erkennen. Mit dem Wirt Atsushi Horigami kann man sich gut auf Englisch unterhalten und es gibt wohl keinen besseren Experten für japanischen Whisky als ihn. In seiner Bar hat er circa 250 verschiedene Whiskys und für Einsteiger bietet er auch verschiedene Probiersets an.

7-10-14 Nishishinjuku, Shinjuku-ku, S-Bahn Shinjuku, Mo–Sa 19–4 Uhr, Cover Charge 600 ¥

LIVEMUSIK

Rockmusik der 70er

BAUHAUS ✪ G 7

Mitten in Roppongi schaut man etwas verwirrt, wenn man plötzlich die Leuchtreklame eines Baumarkts sieht. Kein Werkzeug, sondern eine Bar für Livemusik aus den 1970ern findet man seit 1981 im Obergeschoss (Treppenhaus links neben der Pizzeria). Das Konzept ist interessant, denn die Musikband besteht aus den Barangestellten, die nicht nur kochen, Cocktails mixen oder die Gäste bedienen, sondern auch abwechselnd auf der Bühne singen und Instrumente spielen. Die gespielten Lieder dürfen die Gäste aus einer Liste wählen, meine Empfehlung ist »Bohemian Rhapsody« von Queen. Falls Sie ein Instrument gut beherrschen, dürfen Sie vielleicht auch mal bei einem Lied mitspielen.

5-3-4 Roppongi, Minato-ku, www.e-bauhaus.jp, U-Bahn Roppongi, Mo–Sa 19–1 Uhr, Eintritt 2916 ¥, Touristen Mo–Mi 1620 ¥, Do–Sa 2160 ¥

Jazz auf Weltklasseniveau

Blue Note Tokyo ✪ E 7

Berühmte Jazz-Legenden aus Amerika und Japan treten im Blue Note Tokyo

KINO

Die meisten ausländischen Filme laufen in Japan in Originalfassung mit japanischen Untertiteln. **Toho Cinemas** ist ein großes Programmkino mit Filialen im **Roppongi Hills Komplex** (✪ F 7) und in **Shinjuku** (✪ C2). www.tohotheater.jp.
In Shibuya werden im Kino **Uplink** (✪ B 7) seit 1987 auf drei Leinwänden Independent-Filme aus aller Welt gezeigt, daneben gibt es noch ein Café, eine Galerie und einen Laden (www.uplink.co.jp).

Wer sich für Kurzfilme oder japanische Streifen mit englischen Untertiteln interessiert, sollte einen Abstecher nach Shimokitazawa machen. **Tollywood – Theater for Shortfilms** (► S. 67) steht auf dem Schild am Gebäude in einer Seitenstraße in dem bei der alternativen Szene beliebten Stadtteil. Vorstellungen beginnen am Nachmittag, die letzte Vorstellung findet üblicherweise um 20 Uhr statt (http://homepage1.nifty.com/tollywood, 1700 ¥ für einen normalen Film).

auf, weshalb Jazz-Liebhaber schon vor Reiseantritt den Spielplan prüfen, um rechtzeitig noch Karten online zu buchen. Am besten kommen Sie frühzeitig gleich zur Öffnung und nutzen die Gelegenheit vor dem Auftritt, um die hervorragende Gourmet-Küche zu genießen.
6-3-16 Minami-Aoyama, Minato-ku, www.bluenote.co.jp, U-Bahn Omotesandō

Oldies der 50er und 60er
Kento's ✪ G 7
Nicht ganz so laut wie im BAUHAUS geht es hier zu, jeden Abend gibt es ab 19.20 Uhr stündlich vier Vorstellungen der Musikgruppe in Kostümen aus der Zeit der 1950er- bis 1960er-Jahre. Das Rauchen ist während der Livemusik verboten, dazwischen kann allerdings geraucht werden.
5-3-1 Roppongi, Minato-ku, www.kentos-roppongi.jp, U-Bahn Roppongi, Mo–Sa 18–24 Uhr, Eintritt 2376 ¥ bzw. 2700 ¥

Jazz, House, Soul und Crossover
The Room ✪ C 8
Wie der Name erahnen lässt, ist es nur ein Raum, in dem sich eine Bar und eine kleine Bühne befinden. Freunde von Jazz, House, Soul und Crossover können in diesem Raum wirklich gute Livemusik von japanischen Bands hören. Das Programm, die Öffnungszeiten und die Eintrittspreise findet man auf der Website für jeden einzelnen Tag des Monats angegeben.
15-19 Sakuragaoka-cho, Shibuya-ku, www.theroom.jp, S/U-Bahn Shibuya

IZAKAYA

Günstige und authentische Izakaya
Donjaca Shinjuku ✪ C/D 3
Falls Sie mit der U-Bahn kommen, nehmen Sie am U-Bahnhof Shinjuku-sanchōme den Fahrstuhl am Ausgang C6. Die Izakaya hat ein großes, gelbes Leuchtschild mit schwarzer Schrift und befindet sich direkt vor dem Zebrastreifen, der über die breite Straße zum BYGS-Building führt. Die Kneipe ist sehr beliebt, da die Preise günstig sind und das Essen gut ist, daher sollten Sie reservieren oder alternativ vor 18 Uhr kommen, da die meisten Japaner ab 20 Uhr reservieren. Beginnen Sie mit den gemischten Hühnerspießen für 500 ¥ und dem Sake Sampler mit drei Sorten Reiswein für 800 ¥ und arbeiten Sie sich je nach Vorlieben weiter durch die Karte mit Izakaya-Gerichten und Sake, Shochu, Bier, Wein und Mischgetränken. In so einer Kneipe wird natürlich leider auch geraucht und es geht laut her, wenn alle im angeheiterten Zustand diskutieren.
3-9-10 Shinjuku, Shinjuku-ku, T 03-3341-2497, U-Bahn Shinjuku-sanchome , tgl. 17–7 Uhr, Cover Charge 400 ¥, englische Karte

Meeresfrüchte selbst grillen

Isomarusuisan Roppongi
G 7

Die rund um die Uhr geöffnete Izakaya in Roppongi hat neben leckerem Sushi und Sashimi auch gebratenen Fisch und Sie können auf kleinen Gasgrillen am Tisch Muscheln selbst zubereiten, die frisch aus dem Aquarium gefischt werden. Isomarusuisan liegt, gar nicht zu übersehen, an der Ecke einer Seitenstraße, die zum Hard Rock Cafe führt. Da es sich um eine Kette handelt, gibt es mehrere Filialen in Tokyo. Eine weitere z. B. direkt gegenüber der Whisky Bar Zoetrope (► S. 106).

5-2-6 Roppongi, Minato-ku, U-Bahn Roppongi, tgl. 24 Std.

Rustikale Hühnerspießbraterei

Horomon Yokochō – Sono Ni
C 3

Ganz toll sowohl im Sommer als auch im Winter sitzt man bei Sono Ni im Horomon Yokochō und genießt seinen Drink, begleitet von einigen frisch gegrillten Yakitori-Spießen. Wenn es keinen Sitzplatz mehr am Tresen gibt, steht man an Tischen aus Bierkästen oder Ölfässern auf der Straße. Das Essen ist günstig, man zahlt 150 ¥–300 ¥ pro Spieß und der Preis fürs Gedeck (Cover Charge) beträgt lediglich 100 ¥.

3-6-14 Shinjuku, Shinjuku-ku, U-Bahn Shinjuku-sanchome, tgl. 17–24 Uhr

Wie bei Muttern

Kasan B 3

Die Izakaya Kasan bietet Küche wie bei Muttern. Damen im besten Alter kümmern sich unter der Leitung der Ober-Mama Kyoko Moriya um die Gäste. Es gibt typische Izakaya-Gerichte, aber auch so richtiges Soulfood wie ›Kasan-Inakani‹, einen Eintopf mit Huhn und japanischem Gemüse. Auch das Yakitori (Spießchen) ist zu empfehlen oder wählen Sie selbst von der englischen Karte. Die Getränkekarte ist leider nur auf Japanisch. Ich wählte Shochu-Schnaps auf Reisbasis mit Wasser verdünnt, konnte aber trotzdem den Kater nicht vermeiden. Um das Restaurant im Untergeschoss zu finden, wählen Sie am Bahnhof Shinjuku Ausgang Nr. 8 und stoßen dabei auf das große Gebäude von Yodobashi Camera. Links von dem Seven-Eleven-Laden auf der Gebäuderückseite führt hinter einer Glastür die Treppe ins Untergeschoss.

1-1-11 Nishishinjuku, Shinjuku-ku, www.kasan.jp/store/sinjukueki, S-Bahn Shinjuku, Mo–Fr 16–24, Sa 16–23 Uhr

TYPISCH JAPANISCH – BUNRAKU UND KABUKI

Das japanische Puppentheater **Bunraku** hatte Anfang des 18. Jh. seine Blütezeit. Gespielt werden die circa 1,50 m großen Puppen mit Holzkopf, -armen und -beinen von jeweils drei ganz in Schwarz gekleideten Puppenspielern. Heute gibt es nur noch Vorstellungen einer Theatergruppe aus Osaka, die gelegentlich auch im Nationaltheater in Tokyo gastiert. Charakteristisch für das japanische **Kabuki-Theater** sind prachtvolle Bühnenbilder, die ausdrucksstarken Gesten, die stilisierte Körpersprache und die aufwendigen Kostüme der Schauspieler, die ein hohes Ansehen genießen. Auch die Frauenrollen werden von entsprechend geschminkten männlichen Darstellern gespielt. Musikalisch werden die Vorstellungen vom Spiel der Shamisen, einem dreisaitigen Lauteninstrument, begleitet, ein Holzklappern zeigt Beginn und Ende eines Stückes an. Diese typisch japanische Theaterform entwickelte sich Anfang des 17. Jh. zur Unterhaltung der wohlhabenden Kaufleute. Während der heutigen, mehrere Stunden dauernden Aufführungen kommen und gehen die Zuschauer und bringen dabei ihr Essen und Trinken mit.

Wagyu-Sushi und Spieße

Sagoemon ✪ B 8

Es gibt fast nichts, was man bei Sagoemon nicht auf den Holzkohlegrill legt, neben Hühnerfleisch, Schweinefleisch und Rindfleisch auch verschiedene Gemüse und seltene Innereien. Wenn Sie das Glück haben, direkt am Tresen zu sitzen, können Sie dem Meister beim Grillen durch eine Glasscheibe zuschauen. Zum Abschluss dann das bekannte Nigiri (zu kleinen Ballen zusammengepresster Reis), hier mit rohem Wagyu-Rindfleisch. Achtung, es gibt keine englische Karte! Da aber ein Hühnerspieß nur zwischen 100 und 150 ¥ kostet, können Sie sich einfach quer durch das Yakitori-Menü essen, ohne ein großes Risiko einzugehen. Das Restaurant ist klein und sehr beliebt, daher ist eine rechtzeitige Reservierung zu empfehlen. Das Restaurant befindet sich im gleichen Gebäude wie Royal Host, im Erdgeschoss ist ein Family Mart.

Dōgenzaka Center Bldg. 4F, 2-29-8 Dōgenzaka, Shibuya-ku, T 03-6455-0900, S/U-Bahn Shibuya, Mo–Fr 11.30–14.30, Mo–So 17.30–24 Uhr

DISKOTHEKEN

Bekannte Gay-Disco

Arty Farty ✪ D 3

Die Bar im Obergeschoss ist eine der wenigen Gay-Bars mit einer größeren Tanzfläche und erlaubt Tanzen bis Mitternacht. Vorwiegend kommen junge Japaner und Ausländer, auch für Frauen ist der Eintritt möglich. Beim Einlass bestellt man ein Getränk und bekommt einen Stempel auf die Hand, damit darf man immer wieder in die Bar.

2-11-7 Shinjuku, Shinjuku-ku, www.arty-farty.net, U-Bahn Shinjuku-sanchome, So–Do 18–3, Fr/Sa 18–5 Uhr

Günstiger Rausch

Gaspanic ✪ G 7

Direkt über dem Restaurant Sushi Zanmai ist diese Disco nicht zu verfehlen. Sie sollten sich nicht von dem Schild »Members Only« irritieren lassen. Tgl. 20–23 Uhr, donnerstags die ganze Nacht kosten alle Getränke (selbst Corona und Heineken) 300 ¥. Die günstigen Preise und die laute Musik locken vorwiegend das jüngere Publikum, wobei sich manche einfach nur volllaufen lassen wollen. Es wird von den Angestellten auch immer darauf geachtet, dass man kein leeres Glas vor sich hat.

2F & 3F 3-15-24 Roppongi, Minato-ku, www.gaspanic.co.jp, U-Bahn Roppongi, tgl. 18–5 Uhr

KONZERTE, OPER, THEATER

Bunkamura: www.bunkamura.co.jp/english
Tokyo Opera City: www.operacity.jp
Kabuki-za: www.kabuki-za.co.jp, Tickets: www.kabuki-bito.jp/eng
Nationaltheater (Kokuritsu Gekijō): www.ntj.jac.go.jp/english.

Eine Institution

Motown House ✪ G 7

Nicht weit von der Roppongi-Kreuzung aufgrund des roten Schildes fast nicht zu verfehlen, erreicht man diese alteingesessene Disco über eine Außentreppe im Obergeschoss. Das Publikum ist hauptsächlich mittleren Alters und es wird typische Disco-Musik gespielt. Insbesondere am Freitag und Samstag ist es hier sehr voll, was die Kontaktaufnahme erleichtert. Tanzen ist hier nicht erlaubt.

Com Roppongi Bldg. 2F, 3-11-5 Roppongi, Minato-ku, www.motownhouse.com, U-Bahn Roppongi, tgl. 18–5 Uhr, Drinks ab 800 ¥

Billige Disco in Shibuya

Shibuya Gaspanic Center-Gai ✪ C 7

Kleiner als Gaspanic in Roppongi, lockt diese Bar auch viel junges Publikum ins Untergeschoss in Shibuya Center-Gai nahe der Shibuya-Kreuzung. Happy Hour 18–22 Uhr, Do alle Getränke 300 ¥.

B1F 21-7 Udagawacho, Shibuya-ku, www.gaspanic.co.jp, S/U-Bahn Shibuya, So–Do 18–5, Fr/Sa 18–8 Uhr

Hin & weg

ANKUNFT

Vom Flughafen Haneda ins Stadtzentrum
Seit der Erweiterung des einstigen Inlandsflughafens gehen auch internationale Flüge einiger Fluglinien über den stadtnahen Flughafen Haneda. Vom internationalen Terminal laufen Sie direkt zum Bahnsteig der **Tokyo Monorail** und erreichen für lediglich 490 ¥ in maximal 18 Minuten den Bahnhof Hamamatsucho an der JR-Yamanote-Linie. Ich bevorzuge übrigens den lokalen Zug, denn der ist nicht so überfüllt wie der Express, der auch nur 4 Minuten schneller ist. Bequem kommen Sie mit dem Service des **Airport Limousine Bus** direkt zu vielen großen Hotels im Stadtgebiet. Eine weitere Alternative ist die private **Bahnlinie Keihin Kyuko,** diese ist perfekt, falls Sie vom Terminal in Shinagawa mit dem Shinkansen weiterfahren wollen oder Ihr Hotel in Asakusa liegt.
www.haneda-airport.jp/inter/en/
www.tokyo-monorail.co.jp/english
www.limousinebus.co.jp/en
www.haneda-tokyo-access.com/en

Vom Flughafen Narita ins Stadtzentrum
Die meisten internationalen Flüge gehen immer noch über den Flughafen Narita, der circa 70 km östlich vom Stadtzentrum liegt. Wenn ich an diesem Flughafen ankomme, dann nehme ich normalerweise immer den **Airport Limousine Bus,** weil es mit dem Gepäck recht bequem ist, direkt vor der Ankunftshalle in den Bus zu steigen. Ein Ticket kauft man vorher am Schalter in der Ankunftshalle (3100 ¥), und innerhalb von 1–2 Stunden erreicht man alle großen Hotels und wichtigen Verkehrsknotenpunkte in Tokyo.
Etwas schneller kommt man mit dem **Narita Express** direkt zum Hauptbahnhof (3020 ¥) oder nach Shinjuku (3190 ¥), doch muss man sich immer selbst um sein Gepäck kümmern. Dafür hat man einen reservierten Platz und kein Risiko, im Stau zu stehen.
Sollte Ihr Hotel im Nordosten von Tokyo sein, dann sind Sie mit dem **Keisei Skyliner** in nur 41 Min. in Ueno (2470 ¥).
www.narita-airport.jp/en
www.limousinebus.co.jp/en
www.jreast.co.jp/e/nex
www.keisei.co.jp/keisei/tetudou/skyliner/us

VERGÜNSTIGUNGEN

Die Broschüren und der faltbare Stadtplan, die man bei den Touristeninformationen am Flugplatz bekommt, enthalten Coupons, für die Sie bis zu 20 % Ermäßigung in einigen städtischen und nationalen Museen sowie Gärten bekommen.

INFORMATIONEN

Narita Tourist Information Center: Narita International Airport, Arrival Lobby, Terminal 2 Bldg., T 0476-34-5877, tgl. 8–20 Uhr.
Tokyo Tourist Information Center Haneda: Haneda Airport International Terminal 2F, T 03-6428-0653, 24 Std. tgl.
Bereits an den Flughäfen Narita und Haneda kann man sich an den dortigen Touristeninformationen der japanischen Fremdenverkehrszentrale mit kostenlosen deutschsprachigen Broschüren und einem faltbaren Stadtplan mit einer Streckennetzkarte der öffentlichen Verkehrsmittel eindecken.
Tourist Information Center (TIC): 3-3-1 Marunouchi, Chiyoda-ku, T 03-3201-3331, www.jnto.go.jp, tgl. 9–17 Uhr.
Zwischen dem Hauptbahnhof und dem Bahnhof Yurakucho befindet sich im

Shin-Tokyo Building nicht weit vom Tokyo International Forum entfernt eine große Touristeninformation der Japanischen Fremdenverkehrszentrale (JNTO). Dort ist die beste Anlaufstelle, falls Sie weitere Informationen zu Reisezielen innerhalb Japans benötigen, und mit etwas Glück bekommen Sie sogar Unterstützung in deutscher Sprache.
Tokyo Tourist Information Center: Tokyo Metropolitan Government Building Main Office 1F, T 03-5321-3077, www.tourism.metro.tokyo.jp, tgl. 9.30–18.30 Uhr.
Beim Besuch des Rathauses von Tokyo in Shinjuku (► S. 81) schauen Sie doch auch gleich bei der dortigen Touristeninformation vorbei. Infos über aktuelle Veranstaltungen und Ausstellungen, Broschüren, Buspläne und den kostenlosen Führer für den Tokyo Shitamachi Bus bekommen Sie hier.
Asakusa Culture Tourist Information Center: 2-18-9 Kaminari-mon, Taitō-ku, T 03-3842-5566, tgl. 9–20 Uhr.
Direkt an der Kreuzung mit dem diagonalen Zebrastreifen vor dem Kaminari-mon in Asakusa fällt das Informationszentrum durch seine außergewöhnliche Architektur auf. Ganz oben gibt es ein Café und eine kostenlose Aussichtsplattform mit toller Sicht über Asakusa und zum imposanten Fernsehturm Tokyo Skytree.
Weitere Infostellen: Außerdem finden Sie an allen größeren Bahnhöfen und in den wichtigsten Shopping-Komplexen einen Schalter der Touristeninformation.
Hier noch einige Blogs über Tokyo:
http://100tokyo.jp
http://tadaimajp.com/area/tokyo/
www.timeout.com/tokyo
www.tokyophoto.de

Telefon/Internet

Kostenloses WLAN gibt es in vielen Bahnhöfen. Weil das ständige Einloggen nervig ist, empfehle ich eine Lösung, die überall funktioniert: Günstig und mobil ins Internet kommt man entweder, indem man eine japanische SIM-Karte am Flughafen leiht (unter 1000 ¥ pro Tag ohne Datenlimit) oder noch günstiger mit Pocket WiFi (400 ¥ pro Tag für einen mobilen Router bei einem Limit von 10 GByte, was für ein paar Wochen Tokyo locker reicht). www.pupuru.com.

Reisen mit Handicap

Öffentliche Gebäude sind so gut wie immer behindertengerecht mit Rampen, Geländern und Aufzügen ausgebaut und geradezu vorbildlich. Es gibt außerdem immer mindestens eine behindertengerechte Toilette. Kritischer sind ältere U-Bahnhöfe ohne Aufzug, oft gibt es nur einen Treppenlift. Zur Rushhour sind Bahnsteig und Züge aber so überfüllt, dass es nicht ratsam ist, zu dieser Zeit öffentliche Verkehrsmittel zu benutzen. Für Sehbehinderte gibt es überall gelbe, geriffelte Markierungsstreifen, sodass man sich in der Umgebung von Bahnhöfen sehr gut orientieren kann.
In Hotels der mittleren und oberen Preiskategorie ist man auf Gäste mit Behinderungen meistens gut vorbereitet. In der japanischen Gesellschaft gibt es kaum Berührungsängste zu Behinderten. Praktische Informationen mit vielen Fotos zu den wichtigsten Sehenswürdigkeiten und Informationen zu allen Bahnhöfen finden Sie auf Englisch auf der Website des Japan Accessible Tourism Center, www.japan-accessible.com.

Sicherheit und Notfälle

Polizei: T 110
Polizei auf Englisch: T 03-3501-0110
Feuerwehr und Rettungswagen: T 119
Diplomatische Vertretungen: Deutsche Botschaft, 4-5-10 Minami-Azabu, Minato-ku, T 03-5791-7700, www.japan.diplo.de, Mo–Fr 8–11 und Do 14–16 Uhr; Österreichische Botschaft, 1-1-20 Moto Azabu, Minato-ku, T 03-3451-8281, www.bmeia.gv.at/tokio, Mo–Fr 9–12 Uhr; Schweizer Botschaft, 5-9-12 Minami-Azabu, Minato-ku,

Spaß vor allem für japanische Touristen: eine Fahrt mit der Rikscha

T 03-5449-8400, www.eda.admin.ch/tokyo, Mo–Fr 9–12 Uhr.

Bank-/Kreditkarten-Sperrung: T (0049) 116 116, www.116116.eu.

Tokyo ist eine der sichersten Städte der Welt, die Kriminalitätsraten sind hier extrem gering. Frauen können sich auch nachts alleine auf die Straße trauen, es gibt keine No-go-Areas. Taschendiebstahl kann nicht immer ganz ausgeschlossen werden. Die wenn auch geringe Gefahr besteht hier für Touristen auf belebten Plätzen und im Gedränge an den Sehenswürdigkeiten. Opfer eines Raubüberfalls zu werden ist jedoch sehr unwahrscheinlich. Mit der japanischen Mafia ›Yakuza‹ werden Sie keine Schwierigkeiten bekommen, solange Sie nicht groß ins Glückspielgewerbe, die Schutzgelderpressung oder in die Prostitution einsteigen wollen. Begegnen Sie den Mitgliedern mit ihren Ganzkörpertätowierungen bei einem Schreinfest, dann können Sie, wenn Sie freundlich fragen, vielleicht sogar ein Foto schießen.

UMWELTFREUNDLICH UNTERWEGS

Öffentliche Verkehrsmittel

Das Netz der öffentlichen Verkehrsmittel ist in Tokyo sehr eng geknüpft. Neben den städtischen und staatlichen Linien gibt es unzählige private Bahnbetreiber. Diese fahren meistens in die Vorstädte und haben über ihren Endbahnhöfen in Tokyo riesige Einkaufstempel gebaut. Wegen dieser vielen unterschiedlichen Linien lohnt es sich nur in seltenen Fällen, eine Tages- oder Wochenkarte zu kaufen. Es gibt zwar auch solche Angebote für Touristen, doch sind die Einzelfahrten bei genauerem Hinsehen gar nicht so teuer. Sehr bequem bezahlt man mit den wiederaufladbaren Karten SUICA oder PASMO. Damit bezahlt man die Fahrt einfach durch kontaktloses Berühren der Ticketgates am Anfang und Ende der Fahrt. Parkplätze in Tokyo sind teuer und mit dem Auto kommt man meistens nicht schneller voran, weshalb es wirklich keinen Sinn macht, einen Wagen zu mieten. Falls es nötig sein sollte, kann man sich einmal ein Taxi leisten, und größere Einkäufe kann man sich gegen eine geringe Gebühr einfach vom Geschäft ins Hotel schicken lassen.

S-Bahnen: Die bekannteste S-Bahn in Tokyo ist die Ringlinie Yamanote und die beste Bahnlinie für eine erste Tokyo-Erkundung. Vorbild für den Bau der 1885 eröffneten Ringlinie Yamanote war übrigens die Berliner Ringbahn. Für die circa 35 km lange Strecke benötigt sie etwa eine Stunde und passiert 29 Bahnhöfe. Bis zur Olympiade 2020 kommt noch

eine Station zwischen Shinagawa und Tamachi hinzu. Während der Rushhour fährt die Bahn im 2-Minuten-Takt, ansonsten alle 3–4 Minuten.
U-Bahnen: 13 unterschiedliche U-Bahn-Linien von den Betreibern Toei und Tokyo Metro zählt man in Tokyo. Sehr hilfreich bei der Benutzung sind die eindeutigen Bezeichnungscodes für die U-Bahn-Stationen, die vor einigen Jahren eingeführt wurden. Jede Linie hat einen Buchstaben, die Stationen sind mit zwei Ziffern durchnummeriert. Manchmal klingen die Namen unterschiedlicher Stationen recht ähnlich oder unterscheiden sich nur durch einige Buchstaben am Ende, deshalb merken Sie sich einfach den Code für Ihren Zielbahnhof und vergleichen diesen auf den Schildern am Bahnsteig. Eine Kurzstrecke kostet bei Barzahlung am Automaten 170 ¥, mit der kontaktlosen Prepaidkarte (SUICA oder PASMO) zahlt man nur 165 ¥. Die letzte U-Bahn fährt abhängig von der jeweiligen Station ungefähr zwischen Mitternacht und 0.30 Uhr. www.tokyometro.jp/en.
Busse: Eine einfache Busfahrt kostet in Tokyo einheitlich 210 ¥ (Erw.) bzw. 110 ¥ (Kinder). Der Preis ist gleich, egal ob Sie nur bis zur nächsten Station fahren oder bis zur Endhaltestelle. Falls Sie geplant haben, mehrmals am Tag mit dem Bus zu fahren oder entlang einer Strecke immer wieder auszusteigen, lohnt sich ein Tagespass für 500 ¥ (Kinder 250 ¥). Den Tagespass zahlen Sie beim Einstieg in den Bus entweder mit Münzen, einem 1000-¥-Schein oder mit der kontaktlosen Prepaidkarte. Busschilder und Fahrpläne sind in Tokyo leider nur auf Japanisch. Hilfreich für Touristen ist der Toei Bus Route Guide (Minkuru Guide), den Sie z. B. in der Touristeninformation im Rathaus erhalten.
Taxis: Was in Tokyo auffällt, ist die große Anzahl an Taxis. Sie verlängern das gut ausgebaute öffentliche Verkehrsnetz auch noch in die letzten Ecken und Winkel und werden gerne und oft von den Japanern genutzt. Insbesondere am späten Abend, wenn die letzte Bahn bereits gefahren ist, sind Taxis die einzige Möglichkeit, noch nach Hause zu kommen. Eine Taxifahrt kostet mindestens 730 ¥ für die ersten 2 km. Der Preis steigt danach alle 274 m in 80-¥-Schritten an. Ein Nachtzuschlag von 30 % wird von 22 bis 5 Uhr fällig. Somit ist das Taxifahren in Tokyo zwar günstiger als in Deutschland, aber immer noch ein recht teures Vergnügen.
Fahrradverleih: Wer möchte, kann sich in Tokyo auch Fahrräder leihen. Eine Möglichkeit gibt es z. B. im Hauptgeschäft von MUJI (► S. 103) in der Nähe der Ginza oder bei Tokyobike in Yanaka (► S. 40). Wer den Autoverkehr vermeiden will, kann in Tokyo übrigens auf dem Gehweg fahren. Am schönsten mit dem Fahrrad unterwegs ist man nach meiner Ansicht jedoch außerhalb von Tokyo. So gibt es am Bahnhof Kamakura (► S. 70) einen Fahrradverleih.

STADTRUNDFAHRTEN

Speziell für Touristen gibt es den **Tokyo Shitamachi Bus,** dessen Route entlang einiger beliebter Sehenswürdigkeiten in Ueno und Asakusa führt. Am Wochenende starten manche Busse vom Hauptbahnhof. Die Preise sind mit dem normalen Bus identisch, doch gibt es Ansagen und Anzeigen auf Englisch, www.kotsu.metro.tokyo.jp/bus/shitamachi/english, tgl. 9.30–18 Uhr.
Tokyo Waterbus: Eine Bootsfahrt auf dem Sumidagawa zur Tokyo-Bucht und dem Hama-Rikyū-Park ist bei schönem Wetter eine gute Option, um vom Wasser aus ganz neue Einblicke auf Tokyo zu gewinnen. Meine Empfehlung: die Tour von Asakusa aus starten, die Bootsanlegestelle liegt direkt an der Brücke über den Fluss. Falls Sie mit der Ginza-Linie kommen, dann nehmen Sie am Bahnhof Asakusa den Ausgang 5. Es besteht die Möglichkeit einer Rundfahrt, oder Sie buchen die etwas günstigere einfache Fahrt zum Hama-Rikyū-Park und verbinden das Ganze mit dem Besuch dieses schönen Gartens. www.suijobus.co.jp.

O-Ton Tokyo

arigatō gozaimasu

Vielen Dank

ohayō gozaimasu

Guten Morgen!
(Begrüßungsformel morgens)

KONNICHI WA

Guten Tag!
(Begrüßungsformel tagsüber)

sayōnara

Auf Wiedersehen
(Abschied)

SUMIMASEN

Entschuldigen Sie, …
(höfliche Ansprache)

dōzo

bitte sehr (gebend)

GOMEN-NASAI

Verzeihung, sorry
(Entschuldigungsformel)

hana yori dango

lieber Knödel als Blumen
Japaner denken praktisch: Blumen kann man nur anschauen, Knödel essen.

baka

Idiot

isogaba maware

Wenn du in Eile bist, dann mach einen Umweg.
Eile mit Weile.

tana kara botamochi

süßer Reiskloß vom Regal (der einem von dort in den Mund fällt)
›Geschenk des Himmels‹, ein unerwartet eingetretener Glücksfall

Das Klima im Blick

Reisen bereichert und verbindet Menschen und Kulturen. Wer reist, erzeugt auch CO_2. Der Flugverkehr trägt mit bis zu 10 % zur globalen Erwärmung bei. Wer das Klima schützen will, sollte sich – wenn möglich – für eine schonendere Reiseform entscheiden oder die Projekte von atmosfair unterstützen. Flugpassagiere spenden einen kilometerabhängigen Beitrag für die von ihnen verursachten Emissionen und finanzieren damit Projekte in Entwicklungsländern, die dort den Ausstoß von Klimagasen verringern helfen (www.atmosfair.de). Auch die Mitarbeiter des DuMont Reiseverlags fliegen mit atmosfair!

Abbildungsnachweis

Getty Images, München: S. 69 (CorbisDocumentary/B.S.P.I.); 14/15 (lonely planet images/Winebrenner); 55 (Moment/Carlo A); 51 (National Geographic Magazine/Theiss); 54 (Photolibrary/Conner); 120/8 (Tacca)
Glow Images, München: S. 89, 120/1 (Deposit Photos)
Laif, Köln: S. 60 (Delano); 39 (hemis.fr/Guiziou); 34 (hemis.fr/Zylberyng); 120/4 (LeFigaro/Bouchon); 42, 44 (LeFigaroMagazine/Lefranc); 21 (Raga); 4 u. (robertharding/Hellier); 30 (Souteyrat); 120/2 (VU/Deschamps)
Look, München: S. 98 (age fotostock); 23 (Dressler); 32 (Engel & Gielen); 112 (Limberger)
Mauritius, Mittenwald: S. 120/3 (Alamy/TheArchive); 65 (Alamy/Cherepuschak); 20 (Alamy/Coulter); 27 (Alamy/EDU Vision); 75 (Alamy/Kurihara); 4 o. (Alamy/Masterton); 7 (Alamy/Vidler), 71 (Alamy/Willson); 66, 82/83 (Alamy/World Discovery); 74 (Diversion/Shinkai); 37 (ImageBroker/Tack); 38 (Vidler)
picture alliance, Frankfurt a. M.: S. 59 (AP Photo); 120/9 (Photoshot)
Axel Schwab, München: Titelbild, Umschlagklappe hinten, S. 8/9, 12/13, 16/17, 24, 28, 31, 35, 43, 45, 48, 62, 63, 72, 77, 78/79, 80, 86, 90, 92, 94, 102, 104, 120/5, 120/6 120/7
Zeichnungen: S. 2, 11, 21, 43, 52, Umschlagklappe vorn (Konopik); 5 (Melanie Werntges)

Zitat

Umschlagklappe hinten: Christopher Barzak, The Love We Share Without Knowing, Bantam, 2008

Kartografie

DuMont Reisekartografie, Fürstenfeldbruck,
© DuMont Reiseverlag, Ostfildern

Umschlagfotos:

Titelbild: Skyline von Shinjuku mit Fuji-san im Hintergrund
Umschlagklappe hinten: Dentsu Building

Hinweis: Autor und Verlag haben alle Informationen mit größtmöglicher Sorgfalt geprüft. Gleichwohl sind Fehler nicht vollständig auszuschließen. Alle Angaben erfolgen ohne Gewähr. Bitte schreiben Sie uns! Über Ihre Rückmeldung zum Buch und Verbesserungsvorschläge freuen sich Autor und Verlag:
DuMont Reiseverlag, Postfach 3151, 73751 Ostfildern,
info@dumontreise.de, www.dumontreise.de

FSC
www.fsc.org
MIX
Papier aus verantwortungsvollen Quellen
FSC® C124385

1. Auflage 2017

Autor: Rufus Arndt
Redaktion/Lektorat: Petra Juling
Grafisches Konzept: Eggers+Diaper, Potsdam
Printed in China

Kennen Sie die?

9 von 9,23 Mio Tokyotern

Tokugawa Ieyasu
wurde 1603 Shogun und machte das kleine Fischerdorf Edo, heute Tokyo, zum Hauptquartier seines Shogunats.

Kenzo Tange
wurde mit seiner visionären Architektur weltberühmt. Er entwarf u. a. das Rathaus in Shinjuku und die Olympia-Stätten in Yoyogi.

Natsume Sōseki
(1887–1916) ist einer der bedeutendsten Schriftsteller Japans und wurde mit der Kurzgeschichte »Ich der Kater« berühmt.

Takashi Murakami
machte als Künstler der Pop-Art auch in Europa Furore, als er für Louis Vuitton Entwürfe anfertigte.

Godzilla
hat in seiner Monsterrolle Tokyo im Film schon mehrmals zerstört.

Kyuta
ist das Maskottchen der Tokyoter Feuerwehr.

Hachikō
wartete zehn Jahre lang am Bahnhof Shibuya auf sein verstorbenes Herrchen – der Inbegriff des treuen Akita-Hundes.

Banana Yoshimoto
wurde 1964 in Tokyo geboren und heißt eigentlich Mahoko Yoshimoto; in ihren Büchern setzt sie sich mit Tod und Übernatürlichem auseinander.

Rei Kawakubo
ist Gründerin und kreativer Kopf der Marke Comme des Garçons – bis heute Japans Top-Modedesignerin.